50 LANGUAGES

# Español — japonés
para principiantes

IMPRINT / IMPRESSUM

Johannes Schumann:
50LANGUAGES Español - japonés para principiantes
EAN-13 (ISBN-13): 978-1-64018-194-6



Inquiries / Anfragen:
info@50languages.com
info@goethe-verlag.com

# Contenido

1 [uno]

Personas

1 [一]
1 [ ichi ]

人称
ninshou

| | |
|---|---|
| yo | 私<br>watashi |
| yo y tú | 私とあなた<br>watashi to anata |
| nosotros / nosotras dos | 私達<br>watashi tachi |
| él | 彼<br>kare |
| él y ella | 彼と彼女<br>kare to kanojo |
| ellos / ellas dos | 彼ら<br>karera |
| el hombre | 男性<br>dansei |
| la mujer | 女性<br>josei |
| el niño | 子供<br>kodomo |

1 [uno]

Personas

1 [一]
1 [ ichi ]

人称
ninshou

| | |
|---|---|
| una familia | 家族<br>kazoku |
| mi familia | 私の家族<br>watashi no kazoku |
| Mi familia está aquí. | 私の家族はここにいます。<br>watashi no kazoku ha koko ni i masu |
| Yo estoy aquí. | 私はここにいます。<br>watashi ha koko ni i masu |
| Tú estás aquí. | あなたはここにいます。<br>anata ha koko ni i masu |
| Él está aquí y ella está aquí. | 彼はここにいます。そして彼女はここにいます。<br>kare ha koko ni i masu soshite kanojo ha koko ni i masu |
| Nosotros /-as estamos aquí. | 私達はここにいます。<br>watashi tachi ha koko ni i masu |
| Vosotros /-as estáis aquí. | あなた達はここにいます。<br>anata tachi ha koko ni i masu |
| Todos /-as ellos /-as están aquí. | 彼らは皆ここにいます。<br>karera ha mina koko ni i masu |

2 [dos]

2 [二]
2 [ ni ]

La Familia

家族
kazoku

| | |
|---|---|
| el abuelo | 祖父 / おじいさん<br>sofu / ojiisan |
| la abuela | 祖母 / おばあさん<br>sobo / obaasan |
| él y ella | 彼と彼女<br>kare to kanojo |

| | |
|---|---|
| el padre | 父 / お父さん<br>chichi / otousan |
| la madre | 母 / お母さん<br>haha / okaasan |
| él y ella | 彼と彼女<br>kare to kanojo |

| | |
|---|---|
| el hijo | 息子<br>musuko |
| la hija | 娘<br>musume |
| él y ella | 彼と彼女<br>kare to kanojo |

2 [dos]

La Familia

2 [二]
2 [ ni ]

家族
kazoku

el hermano
兄弟
kyoudai

la hermana
姉妹
shimai

él y ella
彼と彼女
kare to kanojo

el tío
おじ
oji

la tía
おば
oba

él y ella
彼と彼女
kare to kanojo

Nosotros somos una familia.
私達は家族です。
watashi tachi ha kazoku desu

La familia no es pequeña.
家族は小さくありません。
kazoku ha chiisaku ari mase n

La familia es grande.
家族は大きいです。
kazoku ha ookii desu

3 [tres]

Conociendo otras personas

3 [三]
3 [ san ]

知り合う
shiriau

| | |
|---|---|
| ¡Hola! | こんにちは！<br>konnichiha ! |
| ¡Buenos días! | こんにちは！<br>konnichiha ! |
| ¿Qué tal? | お元気ですか？<br>o genki desu ka |
| | |
| ¿Viene (usted) de Europa? | ヨーロッパからこられたのですか？<br>yoroppa kara ko rare ta no desu ka |
| ¿Viene (usted) de América? | アメリカからこられたのですか？<br>amerika kara ko rare ta no desu ka |
| ¿Viene (usted) de Asia? | アジアからこられたのですか？<br>ajia kara ko rare ta no desu ka |
| | |
| ¿En qué / cuál (am.) hotel se encuentra hospedado / -da (usted)? | どちらのホテルにお泊りですか？<br>dochira no hoteru ni o tomari desu ka |
| ¿Por cuánto tiempo ha estado (usted) aquí? | こちらにはもうどれくらいご滞在ですか？<br>kochira ni ha mou dore kurai go taizai desu ka |
| ¿Por cuánto tiempo permanecerá (usted) aquí? | どれくらいご滞在の予定ですか？<br>dore kurai go taizai no yotei desu ka |

3 [tres]

## Conociendo otras personas

3 [三]
3 [ san ]

## 知り合う

shiriau

| | |
|---|---|
| ¿Le gusta aquí? | ここは気に入りましたか？<br>koko ha kiniiri mashi ta ka |
| ¿Está usted aquí de vacaciones? | こちらでは休暇ですか？<br>kochira de ha kyuuka desu ka |
| ¡Visíteme cuando quiera! | 一度来てください。<br>ichido ki te kudasai |
| Aquí está mi dirección. | これが私の住所です。<br>kore ga watashi no juusho desu |
| ¿Nos vemos mañana? | 明日会えますか？<br>ashita ae masu ka |
| Lo siento, pero ya tengo otros planes. | 残念ながら明日は先約があります。<br>zannen nagara ashita ha senyaku ga ari masu |
| ¡Adiós! / ¡Chao! | バイバイ！<br>baibai ! |
| ¡Adiós! / ¡Hasta la vista! | さようなら！<br>sayounara ! |
| ¡Hasta pronto! | またね！<br>mata ne ! |

4 [cuatro]

4 [四]
4 [ yon ]

En la escuela

学校で
gakkou de

¿Dónde estamos? | ここはどこですか？
koko ha doko desu ka

Nosotros / nosotras estamos en la escuela. | 学校です。
gakkou desu

Nosotros / nosotras tenemos clase. | 授業があります。
jugyou ga ari masu

Ésos son los alumnos. | こちらが生徒です。
kochira ga seito desu

Ésa es la maestra. | こちらが先生です。
kochira ga sensei desu

Ésa es la clase. | こちらがクラスです。
kochira ga kurasu desu

¿Qué hacemos? | 何をしますか？
nani o shi masu ka

Nosotros / nosotras estudiamos. | 勉強をします。
benkyou o shi masu

Nosotros / nosotras estudiamos un idioma. | 言語を習います。
gengo o narai masu

4 [cuatro]

4 [四]
4 [ yon ]

## En la escuela

## 学校で
gakkou de

| | |
|---|---|
| Yo estudio inglés. | 私は英語を習います。<br>watashi ha eigo o narai masu |
| Tú estudias español. | あなたはスペイン語を習います。<br>anata ha supein go o narai masu |
| Él estudia alemán. | 彼はドイツ語を習います。<br>kare ha doitsu go o narai masu |
| Nosotros / nosotras estudiamos francés. | 私達はフランス語を習います。<br>watashi tachi ha furansugo o narai masu |
| Vosotros / vosotras estudiáis italiano. | あなた達はイタリア語を習います。<br>anata tachi ha itaria go o narai masu |
| Ellos / ellas estudian ruso. | 彼らはロシア語を習います。<br>karera ha roshia go o narai masu |
| Estudiar idiomas es interesante. | 語学を学ぶのは面白いです。<br>gogaku o manabu no ha omoshiroi desu |
| Nosotros / nosotras queremos comprender a la gente. | 私達は人を理解できるようになりたいのです。<br>watashi tachi ha hito o rikai dekiru you ni nari tai no desu |
| Nosotros / nosotras queremos hablar con la gente. | 私達は人と話をしたいのです。<br>watashi tachi ha hito to hanashi o shi tai no desu |

5 [cinco]

5 [五]
5 [ go ]

# Países e Idiomas

# 国と言語

kuni to gengo

| | |
|---|---|
| Juan es de Londres. | ジョンはロンドン出身です。<br>jon ha rondon shusshin desu |
| Londres está en Gran Bretaña. | ロンドンはイギリスにあります。<br>rondon ha igirisu ni ari masu |
| Él habla inglés. | 彼は英語を話します。<br>kare ha eigo o hanashi masu |
| María es de Madrid. | マリアはマドリッド出身です。<br>maria ha madoriddo shusshin desu |
| Madrid está en España. | マドリッドはスペインにあります。<br>madoriddo ha supein ni ari masu |
| Ella habla español. | 彼女はスペイン語を話します。<br>kanojo ha supein go o hanashi masu |
| Pedro y Marta son de Berlín. | ピーターとマルタはベルリン出身です。<br>pita to maruta ha berurin shusshin desu |
| Berlín está en Alemania. | ベルリンはドイツにあります。<br>berurin ha doitsu ni ari masu |
| ¿Habláis vosotros / vosotras (dos) alemán? | あなた達は二人ともドイツ語を話しますか？<br>anata tachi ha ni nin tomo doitsugo o hanashi masu ka |

5 [cinco]

5 [五]
5 [ go ]

## Países e Idiomas

## 国と言語
kuni to gengo

| | |
|---|---|
| Londres es una capital. | ロンドンは首都です。<br>rondon ha shuto desu |
| Madrid y Berlín también son capitales. | マドリッドとベルリンも首都です。<br>madoriddo to berurin mo shuto desu |
| Las capitales son grandes y ruidosas. | 首都は大きくてうるさいです。<br>shuto ha ookiku te urusai desu |
| Francia está en Europa. | フランスはヨーロッパにあります。<br>furansu ha yoroppa ni ari masu |
| Egipto está en África. | エジプトはアフリカにあります。<br>ejiputo ha afurika ni ari masu |
| Japón está en Asia. | 日本はアジアにあります。<br>nippon ha ajia ni ari masu |
| Canadá está en América del Norte. | カナダは北米にあります。<br>kanada ha hokubei ni ari masu |
| Panamá está en Centroamérica. | パナマは中米にあります。<br>panama ha chuubei ni ari masu |
| Brasil está en América del Sur. | ブラジルは南米にあります。<br>burajiru ha nanbei ni ari masu |

6 [seis]

6 [六]
6 [ roku ]

## Leer y escribir

## 読み書き
yomikaki

| | |
|---|---|
| Yo leo. | 私は読みます。<br>watashi ha yomi masu |
| Yo leo una letra. | 私は文字を読みます。<br>watashi ha moji o yomi masu |
| Yo leo una palabra. | 私は単語を読みます。<br>watashi ha tango o yomi masu |
| Yo leo una frase. | 私は文を読みます。<br>watashi ha bun o yomi masu |
| Yo leo una carta. | 私は手紙を読みます。<br>watashi ha tegami o yomi masu |
| Yo leo un libro. | 私は本を読みます。<br>watashi ha hon o yomi masu |
| Yo leo. | 私は読みます。<br>watashi ha yomi masu |
| Tú lees. | あなたは読みます。<br>anata ha yomi masu |
| Él lee. | 彼は読みます。<br>kare ha yomi masu |

6 [seis]

6 [六]
6 [ roku ]

# Leer y escribir

# 読み書き

yomikaki

Yo escribo.

私は書きます。
watashi ha kaki masu

Yo escribo una letra.

私は文字を書きます。
watashi ha moji o kaki masu

Yo escribo una palabra.

私は単語を書きます。
watashi ha tango o kaki masu

Yo escribo una frase.

私は文を書きます。
watashi ha bun o kaki masu

Yo escribo una carta.

私は手紙を書きます。
watashi ha tegami o kaki masu

Yo escribo un libro.

私は本を書きます。
watashi ha hon o kaki masu

Yo escribo.

私は書きます。
watashi ha kaki masu

Tú escribes.

あなたは書きます。
anata ha kaki masu

Él escribe.

彼は書きます。
kare ha kaki masu

7 [siete]

Los Números

7 [七]
7 [ nana ]

数
kazu

| | |
|---|---|
| Yo cuento: | 数えます：<br>kazoe masu :::: |
| uno, dos, tres | いち、に、さん<br>ichi , ni , san |
| Yo cuento hasta tres. | 三まで数えます。<br>san made kazoe masu |
| (Yo) sigo contando: | 引き続き数えます：<br>hikitsuduki kazoe masu :::: |
| cuatro, cinco, seis | し、ご、ろく、<br>shi , go , ro ku , |
| siete, ocho, nueve | しち、はち、く<br>shi chi , ha chi , ku |
| Yo cuento. | 私は数えます。<br>watashi ha kazoe masu |
| Tú cuentas. | あなたは数えます。<br>anata ha kazoe masu |
| Él cuenta. | 彼は数えます。<br>kare ha kazoe masu |

7 [siete]

Los Números

7 [七]
7 [ nana ]

数
kazu

Uno. El primero. いち。第一
ichi dai ichi

Dos. El segundo. に。第二
ni dai ni

Tres. El tercero. さん。第三
san dai san

Cuatro. El cuarto. し。第四
shi dai yon

Cinco. El quinto. ご。第五
go dai go

Seis. El sexto. ろく。第六
ro ku dai roku

Siete. El séptimo. しち。第七
shi chi dai nana

Ocho. El octavo. はち。第八
ha chi dai hachi

Nueve. El noveno. く。第九
ku dai kyuu

8 [ocho]

Las horas

8 [八]
8 [ hachi ]

時刻
jikoku

¡Disculpe! | すみません！
sumimasen !

¿Qué hora es, por favor? | 今、何時ですか？
ima , nan ji desu ka

Muchas gracias. | どうもありがとうございます。
doumo arigatou gozai masu

Es la una. | 一時です。
ichiji desu

Son las dos. | 二時です。
ni ji desu

Son las tres. | 三時です。
san ji desu

Son las cuatro. | 四時です。
yon ji desu

Son las cinco. | 五時です。
go ji desu

Son las seis. | 六時です。
roku ji desu

8 [ocho]

Las horas

8 [八]
8 [ hachi ]

時刻
jikoku

| | |
|---|---|
| Son las siete. | 七時です。<br>nana ji desu |
| Son las ocho. | 八時です。<br>hachi ji desu |
| Son las nueve. | 九時です。<br>kyuu ji desu |
| Son las diez. | 十時です。<br>juu ji desu |
| Son las once. | 十一時です。<br>juu ichi ji desu |
| Son las doce. | 十二時です。<br>juu ni ji desu |
| Un minuto tiene sesenta segundos. | 一分は六十秒です。<br>ichi fun ha roku juu byou desu |
| Una hora tiene sesenta minutos. | 一時間は六十分です。<br>ichi jikan ha roku juu fun desu |
| Un día tiene veinticuatro horas. | 一日は二十四時間です。<br>ichi nichi ha ni juu yon jikan desu |

9 [nueve]

Los días de la semana

9 [九]
9 [ kyuu ]

曜日
youbi

| | |
|---|---|
| el lunes | 月曜日<br>getsuyoubi |
| el martes | 火曜日<br>kayoubi |
| el miércoles | 水曜日<br>suiyoubi |
| el jueves | 木曜日<br>mokuyoubi |
| el viernes | 金曜日<br>kinyoubi |
| el sábado | 土曜日<br>doyoubi |
| el domingo | 日曜日<br>nichiyoubi |
| la semana | 週<br>shuu |
| desde el lunes hasta el domingo | 月曜日から日曜日まで<br>getsuyoubi kara nichiyoubi made |

9 [nueve]

Los días de la semana

9 [九]
9 [ kyuu ]

曜日
youbi

El primer día es el lunes.
一日目は月曜日です。
ichi nichi me ha getsuyoubi desu

El segundo día es el martes.
二日目は火曜日です。
ni nichi me ha kayoubi desu

El tercer día es el miércoles.
三日目は水曜日です。
san nichi me ha suiyoubi desu

El cuarto día es el jueves.
四日目は木曜日です。
yon nichi me ha mokuyoubi desu

El quinto día es el viernes.
五日目は金曜日です。
go nichi me ha kinyoubi desu

El sexto día es el sábado.
六日目は土曜日です。
roku nichi me ha doyoubi desu

El séptimo día es el domingo.
七日目は日曜日です。
nana nichi me ha nichiyoubi desu

La semana tiene siete días.
一週間は七日です。
ichi shuukan ha nana nichi desu

Nosotros / nosotras sólo trabajamos cinco días.
私達は五日間だけ働きます。
watashi tachi ha go nichikan dake hataraki masu

10 [diez]

Ayer – hoy – mañana

10 [十]
10 [ juu ]

昨日-今日-明日
kinou ---- kyou ---- ashita

| | |
|---|---|
| Ayer fue sábado. | 昨日は土曜日でした。<br>kinou ha doyoubi deshi ta |
| Ayer estuve en el cine. | 昨日、私は映画館に行きました。<br>kinou , watashi ha eiga kan ni iki mashi ta |
| La película fue interesante. | 映画は面白かったです。<br>eiga ha omoshirokat ta desu |
| Hoy es domingo. | 今日は日曜日です。<br>kyou ha nichiyoubi desu |
| Hoy no trabajo. | 私は今日は働きません。<br>watashi ha kyou ha hataraki mase n |
| Me quedo en casa. | 私は家にいます。<br>watashi ha ie ni i masu |
| Mañana es lunes. | 明日、月曜日です。<br>ashita , getsuyoubi desu |
| Mañana vuelvo a trabajar. | 明日、私はまた働きます。<br>ashita , watashi ha mata hataraki masu |
| Trabajo en una oficina. | 私はオフィスで働きます。<br>watashi ha ofisu de hataraki masu |

10 [diez]

10 [十]
10 [ juu ]

Ayer – hoy – mañana

昨日-今日-明日
kinou ---- kyou ---- ashita

¿Quién es éste? | 誰ですか？
dare desu ka

Éste es Pedro. | ピーターです。
pita desu

Pedro es estudiante. | ピーターは学生です。
pita ha gakusei desu

¿Quién es ésta? | 誰ですか？
dare desu ka

Ésta es Marta. | マルタです。
maruta desu

Marta es secretaria. | マルタは秘書です。
maruta ha hisho desu

Pedro y Marta son novios. | ピーターとマルタは友達です。
pita to maruta ha tomodachi desu

Pedro es el novio de Marta. | ピーターはマルタの友人です。
pita ha maruta no yuujin desu

Marta es la novia de Pedro. | マルタはペーターの友人です。
maruta ha peta no yuujin desu

11 [once]

Los Meses

11 [十一]
11 [ juu ichi ]

月
tsuki

| | |
|---|---|
| enero | 一月<br>ichigatsu |
| febrero | 二月<br>nigatsu |
| marzo | 三月<br>sangatsu |
| abril | 四月<br>shigatsu |
| mayo | 五月<br>gogatsu |
| junio | 六月<br>rokugatsu |
| Eso son seis meses. | これで六ヶ月です。<br>kore de roku kagetsu desu |
| Enero, febrero, marzo, | 一月、二月、三月<br>ichigatsu , nigatsu , sangatsu |
| abril, mayo, junio. | 四月、五月と六月。<br>shigatsu , gogatsu to rokugatsu |

11 [once]

Los Meses

11 [十一]
11 [ juu ichi ]

月
tsuki

| | |
|---|---|
| julio | 七月<br>shichigatsu |
| agosto | 八月<br>hachigatsu |
| septiembre | 九月<br>kugatsu |
| octubre | 十月<br>juugatsu |
| noviembre | 十一月<br>juuichigatsu |
| diciembre | 十二月<br>juunigatsu |
| Eso también son seis meses. | これも六ヶ月です。<br>kore mo roku kagetsu desu |
| Julio, agosto, septiembre, | 七月、八月、九月、<br>shichigatsu , hachigatsu , kugatsu , |
| octubre, noviembre y diciembre. | 十月、十一月と十二月。<br>juugatsu , juuichigatsu to juunigatsu |

12 [doce]

Bebidas

12 [十二]
12 [ juu ni ]

飲み物
nomimono

Yo bebo té.
私は紅茶を飲みます。
watashi ha koucha o nomi masu

Yo bebo café.
私はコーヒーを飲みます。
watashi ha kohi o nomi masu

Yo bebo agua mineral.
私はミネラルウォーターを飲みます。
watashi ha mineraru wota o nomi masu

¿Bebes té con limón?
あなたはレモンティーを飲む？
anata ha remonti o nomu

¿Bebes café con azúcar?
あなたはコーヒーに砂糖を入れて飲む？
anata ha kohi ni satou o ire te nomu

¿Bebes agua con hielo?
あなたは水に氷を入れて飲む？
anata ha mizu ni koori o ire te nomu

Aquí hay una fiesta.
ここでパーティーがあります。
koko de pati ga ari masu

La gente bebe champán.
人々はシャンペンを飲んでいます。
hitobito ha shanpen o non de i masu

La gente bebe vino y cerveza.
人々はワインとビールを飲んでいます。
hitobito ha wain to biru o non de i masu

12 [doce]

12 [十二]
12 [ juu ni ]

# Bebidas

# 飲み物
nomimono

| | |
|---|---|
| ¿Bebes alcohol? | あなたはアルコールを飲みますか？<br>anata ha arukoru o nomi masu ka |
| ¿Bebes whisky? | あなたはウィスキーを飲みますか？<br>anata ha wisuki o nomi masu ka |
| ¿Bebes Coca-Cola con ron? | あなたはラム酒いりコーラを飲みますか？<br>anata ha ramu sake iri kora o nomi masu ka |
| No me gusta el champán. | 私はシャンペンは好きではありません。<br>watashi ha shanpen ha suki de ha ari mase n |
| No me gusta el vino. | 私はワインは好きではありません。<br>watashi ha wain ha suki de ha ari mase n |
| No me gusta la cerveza. | 私はビールは好きではありません。<br>watashi ha biru ha suki de ha ari mase n |
| Al bebé le gusta la leche. / El bebé gusta de la leche (am.). | 赤ちゃんはミルクが好きです。<br>akachan ha miruku ga suki desu |
| Al niño / A la niña le gustan el cacao y el zumo de manzana. | 子供はココアとりんごジュースが好きです。<br>kodomo ha kokoa to ringo jusu ga suki desu |
| A la mujer le gusta el zumo de naranja y el zumo de pomelo. | 女性はオレンジジュースとグレープフルーツジュースが好きです。<br>josei ha orenji jusu to gurepufurutsu jusu ga suki desu |

13 [trece]

13 [十三]
13 [ juu san ]

## Actividades

## 仕事
shigoto

| | |
|---|---|
| ¿Qué hace Marta? | マルタは何をしていますか？<br>maruta ha nani o shi te i masu ka |
| Ella trabaja en una oficina. | 彼女はオフィスで働いています。<br>kanojo ha ofisu de hatarai te i masu |
| Ella trabaja con el ordenador. | 彼女はコンピューターで仕事をしています。<br>kanojo ha konpyuta de shigoto o shi te i masu |
| ¿Dónde está Marta? | マルタはどこですか？<br>maruta ha doko desu ka |
| En el cine. | 映画館にいます。<br>eiga kan ni i masu |
| Ella está viendo una película. | 彼女は映画を見ています。<br>kanojo ha eiga o mi te i masu |
| ¿Qué hace Pedro? | ピーターは何をしていますか？<br>pita ha nani o shi te i masu ka |
| Él estudia en la universidad. | 彼は大学で勉強しています。<br>kare ha daigaku de benkyou shi te i masu |
| Él estudia idiomas. | 彼は言語を勉強しています。<br>kare ha gengo o benkyou shi te i masu |

13 [trece]

13 [十三]
13 [ juu san ]

## Actividades

## 仕事
shigoto

| | |
|---|---|
| ¿Dónde está Pedro? | ピーターはどこですか？<br>pita ha doko desu ka |
| En la cafetería. | カフェにいます。<br>kafe ni i masu |
| Él está tomando café. | 彼はコーヒーを飲んでいます。<br>kare ha kohi o non de i masu |
| ¿A dónde les gusta ir? | 彼らはどこへ行くのが好きですか？<br>karera ha doko he iku no ga suki desu ka |
| A un concierto. | コンサートです。<br>konsato desu |
| A ellos les gusta escuchar música. | 彼らは音楽を聴くのが好きです。<br>karera ha ongaku o kiku no ga suki desu |
| ¿A dónde no les gusta ir? | 彼らは行くのが嫌いなところはありますか？<br>karera ha iku no ga kirai na tokoro ha ari masu ka |
| A la discoteca. | ディスコです。<br>disuko desu |
| A ellos no les gusta bailar. | 彼らはダンスは好きではないのです。<br>karera ha dansu ha suki de ha nai no desu |

14 [catorce]

14 [十四]
14 [ juu yon ]

# Los colores

# 色
iro

La nieve es blanca.
雪は白い。
yuki ha shiroi

El sol es amarillo.
太陽は黄色い。
taiyou ha kiiroi

La naranja es naranja.
オレンジはオレンジ色。
orenji ha orenji shoku

La cereza es roja.
さくらんぼうは赤い。
sakura n bou ha akai

El cielo es azul.
空は青い。
sora ha aoi

La hierba es verde.
草は緑。
kusa ha midori

La tierra es marrón.
地面は茶色。
jimen ha chairo

La nube es gris.
雲は灰色。
kumo ha haiiro

Los neumáticos son negros.
タイヤは黒い。
taiya ha kuroi

14 [catorce]

Los colores

14 [十四]
14 [ juu yon ]

色
iro

¿De qué color es la nieve? Blanca.
雪は何色ですか？　白。
yuki ha nan shoku desu ka shiro

¿De qué color es el sol? Amarillo.
太陽は何色ですか？　黄色。
taiyou ha nan shoku desu ka kiiro

¿De qué color es la naranja? Naranja.
オレンジは何色ですか？　オレンジ色。
orenji ha nan shoku desu ka orenji shoku

¿De qué color es la cereza? Roja.
さくらんぼうは何色ですか？　赤。
sakura n bou ha nan shoku desu ka aka

¿De qué color es el cielo? Azul.
空は何色ですか？　青。
sora ha nan shoku desu ka ao

¿De qué color es la hierba? Verde.
草は何色ですか？　緑。
kusa ha nan shoku desu ka midori

¿De qué color es la tierra? Marrón.
地面は何色ですか？　茶色。
jimen ha nan shoku desu ka chairo

¿De qué color es la nube? Gris.
雲は何色ですか？　灰色。
kumo ha nan shoku desu ka haiiro

¿De qué color son los neumáticos? Negro.
タイヤは何色ですか？　黒。
taiya ha nan shoku desu ka kuro

15 [quince]

Frutas y alimentos

15 [十五]
15 [ juu go ]

果物と食品
kudamono to shokuhin

| | |
|---|---|
| Yo tengo una fresa. | イチゴがあります。<br>ichigo ga ari masu |
| Yo tengo un kiwi y un melón. | キウイとメロンがあります。<br>kiui to meron ga ari masu |
| Yo tengo una naranja y un pomelo / una toronja (am.). | オレンジとグレープフルーツがあります。<br>orenji to gurepufurutsu ga ari masu |
| Yo tengo una manzana y un mango. | リンゴとマンゴーがあります。<br>ringo to mango ga ari masu |
| Yo tengo un plátano y una piña / una banana y un ananás (am.). | バナナとパイナップルがあります。<br>banana to painappuru ga ari masu |
| Yo estoy haciendo una ensalada de frutas. | 私はフルーツサラダを作ります。<br>watashi ha furutsu sarada o tsukuri masu |
| Yo estoy comiendo una tostada / un pan tostado (am.). | 私はトーストを食べます。<br>watashi ha tosuto o tabe masu |
| Yo estoy comiendo una tostada / un pan tostado (am.) con mantequilla. | 私はバタートーストを食べます。<br>watashi ha bata tosuto o tabe masu |
| Yo estoy comiendo una tostada / un pan tostado (am.) con mantequilla y mermelada. | 私はバターとジャム付きトーストを食べます。<br>watashi ha bata to jamu tsuki tosuto o tabe masu |

15 [quince]

Frutas y alimentos

15 [十五]
15 [ juu go ]

果物と食品
kudamono to shokuhin

| | |
|---|---|
| Yo estoy comiendo un sandwich / emparedado (am.). | 私はサンドイッチを食べます。<br>watashi ha sandoicchi o tabe masu |
| Yo estoy comiendo un sandwich / emparedado (am.) con margarina. | 私はマーガリン付きサンドイッチを食べます。<br>watashi ha magarin tsuki sandoicchi o tabe masu |
| Yo estoy comiendo un sandwich / emparedado (am.) con margarina y tomate. | 私はマーガリンとトマトのサンドイッチを食べます。<br>watashi ha magarin to tomato no sandoicchi o tabe masu |
| Nosotros / nosotras necesitamos pan y arroz. | 私達はパンとお米が必要です。<br>watashi tachi ha pan to o bei ga hitsuyou desu |
| Nosotros / nosotras necesitamos pescado y bistecs. | 私達は魚とステーキが必要です。<br>watashi tachi ha sakana to suteki ga hitsuyou desu |
| Nosotros / nosotras necesitamos pizza y espagueti. | 私達はピザとスパゲッティが必要です。<br>watashi tachi ha piza to supagetti ga hitsuyou desu |
| ¿Qué más necesitamos? | 他に何がいりますか？<br>ta ni nani ga iri masu ka |
| Nosotros / nosotras necesitamos zanahorias y tomates para la sopa. | スープ用ににんじんとトマトがいります。<br>supu you ni ninjin to tomato ga iri masu |
| ¿Dónde hay un supermercado? | スーパーマーケットはどこにありますか？<br>supamaketto ha doko ni ari masu ka |

16 [dieciséis]

16 [十六]

16 [ juu roku ]

# Las Estaciones y el Clima

# 季節と天気

kisetsu to tenki

Éstas son las estaciones del año:

季節があります。

kisetsu ga ari masu

La primavera, el verano,

春、夏、

haru , natsu ,

el otoño y el invierno.

秋、冬。

aki , fuyu

El verano es caluroso.

夏は暑いです。

natsu ha atsui desu

En verano hace sol.

夏には太陽が照ります。

natsu ni ha taiyou ga teri masu

En el verano nos gusta ir a pasear.

私達は夏には好んで散歩に行きます。

watashi tachi ha natsu ni ha konon de sanpo ni iki masu

El invierno es frío.

冬は寒いです。

fuyu ha samui desu

En el invierno nieva o llueve.

冬には雪や雨が降ります。

fuyu ni ha yuki ya ame ga ori masu

En el invierno nos gusta quedarnos en casa.

私達は冬は家にいるのが好きです。

watashi tachi ha fuyu ha ie ni iru no ga suki desu

16 [dieciséis]

16 [十六]

16 [ juu roku ]

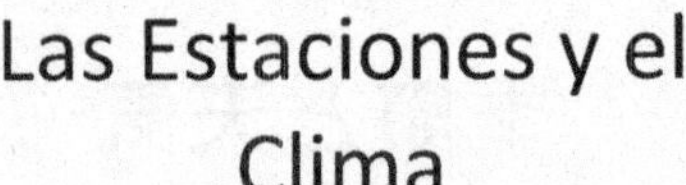

## Las Estaciones y el Clima

## 季節と天気

kisetsu to tenki

| | |
|---|---|
| Hace frío. | 寒いです。<br>samui desu |
| Está lloviendo. | 雨が降っています。<br>ame ga fut te i masu |
| Hace viento / Está ventoso (am.). | 風が強いです。<br>kaze ga tsuyoi desu |
| Hace calor. | 暖かいです。<br>atatakai desu |
| Hace sol. | 日が照っています。<br>hi ga tet te i masu |
| El tiempo está agradable. | よく晴れています。<br>yoku hare te i masu |
| ¿Qué tiempo hace hoy? | 今日の天気はどうですか？<br>kyou no tenki ha dou desu ka |
| Hoy hace frío. | 今日は寒いです。<br>kyou ha samui desu |
| Hoy hace calor. | 今日は暖かいです。<br>kyou ha atatakai desu |

17 [diecisiete]

En la casa

17 [十七]
17 [ juu nana ]

家で
ie de

| | |
|---|---|
| Aquí es nuestra casa. | ここが私達の家です。<br>koko ga watashi tachi no ie desu |
| Arriba está el tejado. | 上は屋根です。<br>ue ha yane desu |
| Abajo está el sótano. | 下には地下室があります。<br>shita ni ha chika shitsu ga ari masu |
| Detrás de la casa hay un jardín. | 家の裏には庭があります。<br>ie no ura ni ha niwa ga ari masu |
| No hay ninguna calle frente a la casa. | 家の前には道路はありません。<br>ie no mae ni ha douro ha ari mase n |
| Hay árboles al lado de la casa. | 家の横に木があります。<br>ie no yoko ni ki ga ari masu |
| Aquí está mi apartamento. | これが私のマンション / アパートです。<br>kore ga watashi no manshon / apato desu |
| Aquí están la cocina y el baño. | ここが台所と風呂場です。<br>koko ga daidokoro to furo jou desu |
| Ahí están la sala de estar y el dormitorio. | あそこが居間と寝室です。<br>asoko ga ima to shinshitsu desu |

17 [diecisiete]

17 [十七]
17 [ juu nana ]

# En la casa

# 家で
ie de

La puerta de la casa está cerrada.

玄関は閉まっています。
genkan ha shimat te i masu

Pero las ventanas están abiertas.

でも窓は開いています。
demo mado ha hirai te i masu

Hace calor hoy.

今日は暑いです。
kyou ha atsui desu

Nosotros / nosotras vamos a la sala de estar.

私達は居間に行きます。
watashi tachi ha ima ni iki masu

Hay un sofá y un sillón allí.

そこにソファーと肘掛け椅子があります。
soko ni sofa to hijikake isu ga ari masu

¡Por favor, siéntense / siéntese!

お掛けになってください。
o kake ni nat te kudasai

Mi ordenador / computadora (am.) está allá.

そこにあるのは私のコンピューターです。
soko ni aru no ha watashi no konpyuta desu

Mi equipo de sonido está allí.

そこに私のステレオがあります。
soko ni watashi no sutereo ga ari masu

El televisor es completamente nuevo.

そのテレビはとても新しいものです。
sono terebi ha totemo atarashii mono desu

18 [dieciocho]

Limpieza Doméstica

18 [十八]
18 [ juu hachi ]

掃除
souji

Hoy es sábado.
今日は土曜日です。
kyou ha doyoubi desu

Hoy tenemos tiempo.
今日は時間があります。
kyou ha jikan ga ari masu

Hoy limpiamos el apartamento.
今日はアパートの掃除をします。
kyou ha apato no souji o shi masu

Yo limpio el baño.
私は風呂場を掃除します。
watashi ha furo jou o souji shi masu

Mi esposo lava el coche / carro (am.).
夫は車を洗います。
otto ha kuruma o arai masu

Los niños limpian las bicicletas.
子供達は自転車をきれいにします。
kodomo tachi ha jitensha o kirei ni shi masu

La abuela riega las flores.
おばあちゃんは花に水をやります。
o baachan ha hana ni mizu o yari masu

Los niños ordenan el cuarto de los niños.
子供達は子供部屋を片付けます。
kodomo tachi ha kodomobeya o kataduke masu

Mi esposo ordena su escritorio.
夫は自分の机を片付けます。
otto ha jibun no tsukue o kataduke masu

18 [dieciocho]

# Limpieza Doméstica

18 [十八]
18 [ juu hachi ]

# 掃除
souji

| | |
|---|---|
| Yo pongo la ropa en la lavadora. | 私は洗濯物を洗濯機に入れます。<br>watashi ha sentaku butsu o sentaku ki ni ire masu |
| Yo tiendo la ropa. | 私は洗濯物を干します。<br>watashi ha sentaku butsu o hoshi masu |
| Yo plancho la ropa. | 私は洗濯物にアイロンをかけます。<br>watashi ha sentaku butsu ni airon o kake masu |
| Las ventanas están sucias. | 窓が汚れています。<br>mado ga yogore te i masu |
| El suelo / piso (am.) está sucio. | 床が汚れています。<br>yuka ga yogore te i masu |
| La vajilla está sucia. | 食器が汚れています。<br>shokki ga yogore te i masu |
| ¿Quién limpia las ventanas? | だれが窓掃除をしますか？<br>dare ga mado souji o shi masu ka |
| ¿Quién pasa la aspiradora? | だれが掃除機をかけますか？<br>dare ga souji ki o kake masu ka |
| ¿Quién lava la vajilla? | だれが食器を洗いますか？<br>dare ga shokki o arai masu ka |

19 [diecinueve]

19 [十九]

19 [ juu kyuu ]

# En la cocina

# 台所で

daidokoro de

| | |
|---|---|
| ¿Tienes una cocina nueva? | 台所を新しくしましたか？<br>daidokoro o atarashiku shi mashi ta ka |
| ¿Qué quieres cocinar hoy? | 今日、何を料理しますか？<br>kyou , nani o ryouri shi masu ka |
| ¿Cocinas en una cocina eléctrica o de gas? | コンロは電気？それともガスで料理しますか？<br>konro ha denki soretomo gasu de ryouri shi masu ka |
| ¿Quieres que pique las cebollas? | たまねぎを切りましょうか？<br>tamanegi o kiri masho u ka |
| ¿Quieres que pele las patatas? | ジャガイモの皮をむきましょうか？<br>jagaimo no kawa o muki masho u ka |
| ¿Quieres que lave la lechuga? | サラダ菜を洗いましょうか？<br>saradana o arai masho u ka |
| ¿Dónde están los vasos? | コップはどこですか？<br>koppu ha doko desu ka |
| ¿Dónde está la vajilla? | 食器はどこですか？<br>shokki ha doko desu ka |
| ¿Dónde están los cubiertos? | ナイフやフォークはどこですか？<br>naifu ya foku ha doko desu ka |

19 [diecinueve]

19 [十九]

19 [ juu kyuu ]

# En la cocina

# 台所で

daidokoro de

| | |
|---|---|
| ¿Tienes un abridor de latas? | 缶切りを持っていますか？<br>kankiri o mot te i masu ka |
| ¿Tienes un abrebotellas? | 栓抜きを持っていますか？<br>sen nuki o mot te i masu ka |
| ¿Tienes un sacacorchos? | ワインの栓抜きを持っていますか？<br>wain no sen nuki o mot te i masu ka |
| ¿Estas cocinando la sopa en esta olla? | このなべでスープを作りますか？<br>kono nabe de supu o tsukuri masu ka |
| ¿Estás friendo el pescado en esta sartén? | このフライパンで魚を焼きますか？<br>kono furaipan de sakana o yaki masu ka |
| ¿Estás asando los vegetales en esta parrilla? | このグリルで野菜をグリルしますか？<br>kono guriru de yasai o guriru shi masu ka |
| Yo estoy poniendo la mesa. | 食べる用意をします。<br>taberu youi o shi masu |
| Aquí están los cuchillos, los tenedores, y las cucharas. | ナイフ、フォーク、スプーンはここです。<br>naifu , foku , supun ha koko desu |
| Aquí están los vasos, los platos, y las servilletas. | コップ、お皿、ナプキンはここです。<br>koppu , o sara , napukin ha koko desu |

20 [veinte]

Pequeñas Conversaciones 1

20 [二十]
20 [ ni juu ]

スモール・トーク 1
sumoru ·.·· toku 1

| | |
|---|---|
| ¡Póngase cómodo! | 楽にしてください！<br>raku ni shi te kudasai ! |
| ¡Siéntase como en casa! | 自宅のつもりで、ゆっくりしてください！<br>jitaku no tsumori de , yukkuri shi te kudasai ! |
| ¿Qué le gustaría tomar? | 飲み物は何にしますか？<br>nomimono ha nani ni shi masu ka |
| ¿Le gusta la música? | 音楽は好きですか？<br>ongaku ha suki desu ka |
| Me gusta la música clásica. | 私はクラシックが好きです。<br>watashi ha kurashikku ga suki desu |
| Aquí están mis CDs. | これが私のCDです。<br>kore ga watashi no CD desu |
| ¿Toca (usted) algún instrumento musical? | 何か楽器を演奏しますか？<br>nani ka gakki o ensou shi masu ka |
| Aquí está mi guitarra. | これが私のギターです。<br>kore ga watashi no gita desu |
| ¿Le gusta cantar? | 歌うのは好きですか？<br>utau no ha suki desu ka |

20 [veinte]

Pequeñas Conversaciones 1

20 [二十]
20 [ ni juu ]

スモール・トーク1
sumoru ·.·· toku 1

| | |
|---|---|
| ¿Tiene (usted) niños? | お子さんはいますか？<br>okosan ha i masu ka |
| ¿Tiene (usted) un perro? | 犬を飼っていますか？<br>inu o kat te i masu ka |
| ¿Tiene (usted) un gato? | 猫を飼っていますか？<br>neko o kat te i masu ka |
| Aquí están mis libros. | これは私の本です。<br>kore ha watashi no hon desu |
| En este momento estoy leyendo este libro. | 今、この本を読んでいます。<br>ima , kono hon o yon de i masu |
| ¿Qué le gusta leer? | 好きな読み物は何ですか？<br>suki na yomimono ha nani desu ka |
| ¿Le gusta ir a conciertos? | コンサートに行くのは好きですか？<br>konsato ni iku no ha suki desu ka |
| ¿Le gusta ir al teatro? | 劇場に行くのは好きですか？<br>gekijou ni iku no ha suki desu ka |
| ¿Le gusta ir a la ópera? | オペラを観るのは好きですか？<br>opera o miru no ha suki desu ka |

21 [veintiuno]

Pequeñas Conversaciones 2

21 [二十一]
21 [ ni juu ichi ]

スモール・トーク2
sumoru ·.·· toku 2

| | |
|---|---|
| ¿De dónde es (usted)? | 出身はどちらですか？<br>shusshin ha dochira desu ka |
| De Basilea. | ベイゼルです。<br>beizeru desu |
| Basilea está en Suiza. | ベイゼルはスイスにあります。<br>beizeru ha suisu ni ari masu |
| ¿Me permite presentarle al señor Molinero? | ミィラー氏をご紹介させてください。<br>mira shi o go shoukai sa se te kudasai |
| Él es extranjero. | 彼は外国人です。<br>kare ha gaikoku jin desu |
| Él habla varios idiomas. | 彼は複数の外国語を話します。<br>kare ha fukusuu no gaikoku go o hanashi masu |
| ¿Es la primera vez que está (usted) aquí? | ここへは初めてですか？<br>koko he ha hajimete desu ka |
| No, ya estuve aquí el año pasado. | いいえ、去年来たことがあります。<br>iie , kyonen ki ta koto ga ari masu |
| Pero sólo por una semana. | でもわずか一週間でした。<br>demo wazuka ichi shuukan deshi ta |

21 [veintiuno]

Pequeñas Conversaciones 2

21 [二十一]

21 [ ni juu ichi ]

スモール・トーク2

sumoru ·.·· toku 2

¿Le gusta nuestro país / nuestra ciudad?

こちらは気に入りましたか？

kochira ha kiniiri mashi ta ka

Sí, mucho. La gente es amable.

ええ、とても。人々がとても親切です。

ee , totemo hitobito ga totemo shinsetsu desu

Y el paisaje también me gusta.

景色も気に入りました。

keshiki mo kiniiri mashi ta

¿A qué se dedica (usted)?

ご職業は？

go shokugyou ha

Yo soy traductor.

私は翻訳家です。

watashi ha honyaku ka desu

Yo traduzco libros.

私は書物の翻訳をしています。

watashi ha shomotsu no honyaku o shi te i masu

¿Ha venido (usted) solo / sola?

こちらでは一人ですか？

kochira de ha ichi nin desu ka

No, mi esposa / mi marido ha venido conmigo.

いいえ、妻 / 夫も一緒です。

iie , tsuma / otto mo issho desu

Y allí están mis dos hijos.

あそこにいるのが私の二人の子供です。

asoko ni iru no ga watashi no ni nin no kodomo desu

22 [veintidós]

Pequeñas Conversaciones 3

22 [二十二]
22 [ ni juu ni ]

スモール・トーク３
sumoru ·.·· toku 3

¿Fuma (usted)?

タバコを吸いますか？
tabako o sui masu ka

Antes sí.

昔は吸っていました。
mukashi ha sut te i mashi ta

Pero ahora ya no fumo.

でも今はもう吸っていません。
demo ima ha mou sut te i mase n

¿Le molesta que fume?

タバコを吸ってもかまいませんか？
tabako o sut te mo kamai mase n ka

No, en absoluto.

ぜんぜんかまいませんよ。
zenzen kamai mase n yo

No me molesta.

私は気になりません。
watashi ha ki ni nari mase n

¿Quiere (usted) beber algo?

何かお飲みになりますか？
nani ka o nomi ni nari masu ka

¿Un coñac?

ブランデーはいかがですか？
burande ha ikaga desu ka

No, prefiero una cerveza.

いえ、ビールがいいです。
ie , biru ga ii desu

22 [veintidós]

Pequeñas Conversaciones 3

22 [二十二]
22 [ ni juu ni ]

スモール・トーク3
sumoru ·.·· toku 3

| | |
|---|---|
| ¿Viaja (usted) mucho? | よく旅行をしますか？<br>yoku ryokou o shi masu ka |
| Sí, por negocios la mayoría de las veces. | はい、たいていは出張です。<br>hai , taitei ha shucchou desu |
| Pero ahora estamos aquí de vacaciones. | でもここへは休暇で来ています。<br>demo koko he ha kyuuka de ki te i masu |
| ¡Qué calor! | なんていう暑さでしょう！<br>nan teiu atsu sa desho u ! |
| Sí, hoy hace realmente mucho calor. | ええ、今日は本当に暑いです。<br>ee , kyou ha hontouni atsui desu |
| Salgamos al balcón. | バルコニーへ行きましょう。<br>barukoni he iki masho u |
| Aquí habrá una fiesta mañana. | 明日、ここでパーティーがあります。<br>ashita , koko de pati ga ari masu |
| ¿Vienen ustedes también? | あなたも来ますか？<br>anata mo ki masu ka |
| Sí, nosotros / nosotras también estamos invitados / invitadas. | ええ、私達も招待されています。<br>ee , watashi tachi mo shoutai sa re te i masu |

23 [veintitrés]

## Aprendiendo lenguas extranjeras

23 [二十三]
23 [ ni juu san ]

## 外国語を学ぶ
gaikoku go o manabu

| | |
|---|---|
| ¿En dónde aprendió (usted) español? | どこでスペイン語を勉強したのですか？<br>doko de supein go o benkyou shi ta no desu ka |
| ¿Puede (usted) también hablar portugués? | ポルトガル語も話せますか？<br>porutogaru go mo hanase masu ka |
| Sí, y también yo sé hablar un poco de italiano. | ええ、イタリア語も少し出来ます。<br>ee , itaria go mo sukoshi deki masu |
| Pienso que (usted) habla muy bien. | あなたはとても上手に話しますね。<br>anata ha totemo jouzu ni hanashi masu ne |
| Los idiomas son bastante parecidos. | これらの言葉はとてもよく似ています。<br>korera no kotoba ha totemo yoku ni te i masu |
| Yo puedo entenderlos bien. | あなたの言うことはとても理解しやすいです。<br>anata no iu koto ha totemo rikai shi yasui desu |
| Pero es difícil hablarlos y escribirlos. | でも話すことと書くことは難しいです。<br>demo hanasu koto to kaku koto ha muzukashii desu |
| Aún cometo muchos errores. | まだ、たくさん間違えます。<br>mada , takusan machigae masu |
| Por favor, corríjame siempre. | （間違えたら）必ず訂正してください。<br>( machigae tara ) kanarazu teisei shi te kudasai |

23 [veintitrés]

23 [二十三]
23 [ ni juu san ]

# Aprendiendo lenguas extranjeras

# 外国語を学ぶ
gaikoku go o manabu

| | |
|---|---|
| Su pronunciación es muy buena. | あなたの発音はとても良いです。<br>anata no hatsuon ha totemo yoi desu |
| (Usted) tiene un poco de acento. | あなたは少しアクセントがありますね。<br>anata ha sukoshi akusento ga ari masu ne |
| Uno puede deducir de dónde viene (usted). | あなたがどこの出身だかわかります。<br>anata ga doko no shusshin da ka wakari masu |
| ¿Cuál es su lengua materna? | あなたの母国語は何ですか？<br>anata no bokoku go ha nani desu ka |
| ¿Está (usted) tomando un curso de idiomas? | 語学教室に通っていますか？<br>gogaku kyoushitsu ni kayot te i masu ka |
| ¿Qué materiales de aprendizaje utiliza (usted)? | どんな教材を使っていますか？<br>donna kyouzai o tsukat te i masu ka |
| En este momento no sé cómo se llama. | どういう名前だか、今はわかりません。<br>douiu namae da ka , ima ha wakari mase n |
| El título no me viene a la cabeza. | 題名が思い浮かびません。<br>daimei ga omoi ukabi mase n |
| (Yo) lo he olvidado. | 忘れてしまいました。<br>wasure te shimai mashi ta |

24 [veinticuatro]

Compromiso / Cita

24 [二十四]
24 [ ni juu yon ]

約束
yakusoku

| | |
|---|---|
| ¿Has perdido el autobús? / ¿Te dejó el autobús (am.)? | バスに乗り遅れたのですか？<br>basu ni noriokure ta no desu ka |
| Te esperé por media hora. | 私は30分もあなたを待っていました。<br>watashi ha 30 fun mo anata o mat te i mashi ta |
| ¿No tienes móvil / celular (am.)? | あなたは携帯電話を持ってないのですか？<br>anata ha keitai denwa o mot te nai no desu ka |
| ¡Sé puntual la próxima vez! | 今度は遅れないように！<br>kondo ha okure nai you ni ! |
| ¡Toma un taxi la próxima vez! | 今度はタクシーで来なさい！<br>kondo ha takushi de ki nasai ! |
| ¡La próxima vez lleva un paraguas contigo! | 今度は傘を持ってくるように！<br>kondo ha kasa o mot te kuru you ni ! |
| Mañana tengo el día libre. | 明日は時間があります。<br>ashita ha jikan ga ari masu |
| ¿Quieres que nos encontremos mañana? | 明日、会いましょうか？<br>ashita , ai masho u ka |
| Lo siento, pero no podré mañana. | 残念ながら、明日は都合が悪いです。<br>zannen nagara , ashita ha tsugou ga warui desu |

24 [veinticuatro]

24 [二十四]
24 [ ni juu yon ]

# Compromiso / Cita

# 約束
yakusoku

| | |
|---|---|
| ¿Ya tienes algún plan para este fin de semana? | 今週末、もう予定が入っていますか？<br>konshuu matsu , mou yotei ga hait te i masu ka |
| ¿O ya te comprometiste para algo? | それとも、先約があるのですか？<br>soretomo , senyaku ga aru no desu ka |
| (Yo) sugiero que nos encontremos durante el fin de semana. | 週末に会おうと思いますが、どうですか。<br>shuumatsu ni ao u to omoi masu ga , dou desu ka |
| ¿Quieres que hagamos un picnic? | ピクニックに行きましょうか？<br>pikunikku ni iki masho u ka |
| ¿Quieres que vayamos a la playa? | 浜辺に行きましょうか？<br>hamabe ni iki masho u ka |
| ¿Quieres que vayamos a la montaña? | 山に行きましょうか？<br>yama ni iki masho u ka |
| Te recojo en tu oficina. | オフィスに迎えに行きます。<br>ofisu ni mukae ni iki masu |
| Te recojo en tu casa. | 家に迎えに行きます。<br>ie ni mukae ni iki masu |
| Te recojo en la parada de autobús. | バス停まで迎えに行きます。<br>basutei made mukae ni iki masu |

25 [veinticinco]

25 [二十五]
25 [ ni juu go ]

En la ciudad

街で
machi de

| | |
|---|---|
| Me gustaría ir a la estación. | 駅に行きたいのですが。<br>eki ni iki tai no desu ga |
| Me gustaría ir al aeropuerto. | 空港に行きたいのですが。<br>kuukou ni iki tai no desu ga |
| Me gustaría ir al centro de la ciudad. | 都心に行きたいのですが。<br>toshin ni iki tai no desu ga |
| ¿Cómo se va a la estación? | 駅へはどうやって行けばいいですか？<br>eki he ha dou yat te ike ba ii desu ka |
| ¿Cómo se va al aeropuerto? | 空港へはどうやって行けばいいですか？<br>kuukou he ha dou yat te ike ba ii desu ka |
| ¿Cómo se va al centro de la ciudad? | 都心へはどうやって行けばいいですか？<br>toshin he ha dou yat te ike ba ii desu ka |
| Yo necesito un taxi. | 私はタクシーが必要です。<br>watashi ha takushi ga hitsuyou desu |
| Yo necesito un plano de la ciudad. | 私は市街地図が必要です。<br>watashi ha shigai chizu ga hitsuyou desu |
| Yo necesito un hotel. | 私はホテルが必要です。<br>watashi ha hoteru ga hitsuyou desu |

25 [veinticinco]

25 [二十五]
25 [ ni juu go ]

# En la ciudad

# 街で
machi de

| | |
|---|---|
| Me gustaría alquilar un coche. | 私はレンタカーを借りたいです。<br>watashi ha rentaka o kari tai desu |
| Aquí tiene mi tarjeta de crédito. | 私のクレジットカードです。<br>watashi no kurejittokado desu |
| Aquí tiene mi permiso de conducir. | 私の免許証です。<br>watashi no menkyo shou desu |
| ¿Qué hay para ver en la ciudad? | 街の見所はありますか？<br>machi no midokoro ha ari masu ka |
| Vaya al casco antiguo de la ciudad. | 旧市街へ行ってごらんなさい。<br>kyuu shigai he it te goran nasai |
| Dé una vuelta por la ciudad. | 市内観光ツアーに参加してごらんなさい。<br>shinai kankou tsua ni sanka shi te goran nasai |
| Vaya al puerto. | 港へ行ってごらんなさい。<br>minato he it te goran nasai |
| Hágale una visita al puerto. | 港の遊覧観光ツアーに行ってごらんなさい。<br>minato no yuuran kankou tsua ni it te goran nasai |
| ¿Qué otros lugares de interés hay además de éstos? | 他に、どんな見所がありますか？<br>ta ni , donna midokoro ga ari masu ka |

26 [veintiséis]

# En la naturaleza

26 [二十六]
26 [ ni juu roku ]

# 自然の中で

shizen no naka de

| | |
|---|---|
| ¿Ves aquella torre allá? | あそこの塔が見えますか？<br>asoko no tou ga mie masu ka |
| ¿Ves aquella montaña allá? | あそこの山が見えますか？<br>asoko no yama ga mie masu ka |
| ¿Ves aquel pueblo allá? | あそこの村が見えますか？<br>asoko no mura ga mie masu ka |
| ¿Ves aquel río allá? | あそこの川が見えますか？<br>asoko no kawa ga mie masu ka |
| ¿Ves aquel puente allá? | あそこの橋が見えますか？<br>asoko no hashi ga mie masu ka |
| ¿Ves aquel lago allá? | あそこの湖が見えますか？<br>asoko no mizuumi ga mie masu ka |
| Ese pájaro me gusta. | あそこの鳥が気に入りました。<br>asoko no tori ga kiniiri mashi ta |
| Ese árbol me gusta. | あそこの木が気に入りました。<br>asoko no ki ga kiniiri mashi ta |
| Esta piedra me gusta. | この石が気に入りました。<br>kono ishi ga kiniiri mashi ta |

26 [veintiséis]

26 [二十六]
26 [ ni juu roku ]

## En la naturaleza

## 自然の中で
shizen no naka de

| | |
|---|---|
| Ese parque me gusta. | あそこの公園が気に入りました。<br>asoko no kouen ga kiniiri mashi ta |
| Ese jardín me gusta. | あそこの庭が気に入りました。<br>asoko no niwa ga kiniiri mashi ta |
| Esta flor me gusta. | この花が気に入りました。<br>kono hana ga kiniiri mashi ta |
| (Eso) me parece bonito. | きれいですね。<br>kirei desu ne |
| (Eso) me parece interesante. | 面白いですね。<br>omoshiroi desu ne |
| (Eso) me parece precioso. | とても美しいですね。<br>totemo utsukushii desu ne |
| (Eso) me parece feo. | 醜いですね。<br>minikui desu ne |
| (Eso) me parece aburrido. | 退屈ですね。<br>taikutsu desu ne |
| (Eso) me parece terrible. | ひどいですね。<br>hidoi desu ne |

27 [veintisiete]

27 [二十七]
27 [ ni juu nana ]

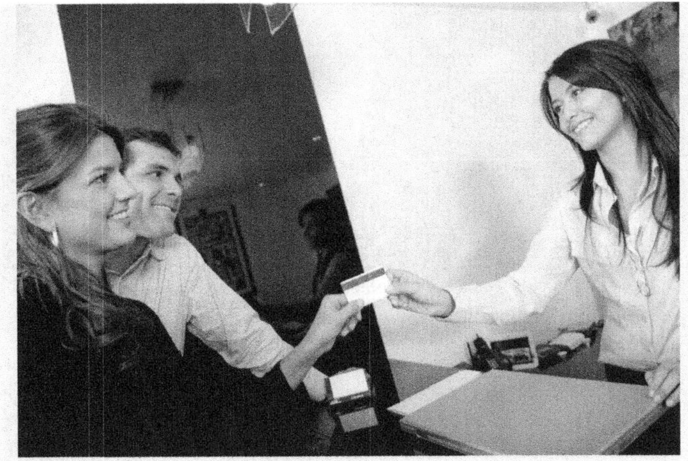

## En el hotel – Llegada

## ホテルで一到着
hoteru de ---- touchaku

| | |
|---|---|
| ¿Tiene (usted) una habitación libre? | 部屋は空いてますか？<br>heya ha ai te masu ka |
| He reservado una habitación. | 部屋を予約してあります。<br>heya o yoyaku shi te ari masu |
| Mi nombre es Molinero. | 私の名前はミィラーです。<br>watashi no namae ha mira desu |
| Necesito una habitación individual. | シングルルーム一部屋お願いします。<br>shinguru rumu ichi heya onegai shi masu |
| Necesito una habitación doble. | ダブルルーム一部屋お願いします。<br>daburu rumu ichi heya onegai shi masu |
| ¿Cuánto vale la habitación por noche? | 一泊いくらですか？<br>ichi haku ikura desu ka |
| Quisiera una habitación con baño. | バスタブ付きの部屋をお願いします。<br>basu tabu tsuki no heya o onegai shi masu |
| Quisiera una habitación con ducha. | シャワー付きの部屋をお願いします。<br>shawa tsuki no heya o onegai shi masu |
| ¿Puedo ver la habitación? | 部屋を見せてもらえますか？<br>heya o mise te morae masu ka |

27 [veintisiete]

# En el hotel – Llegada

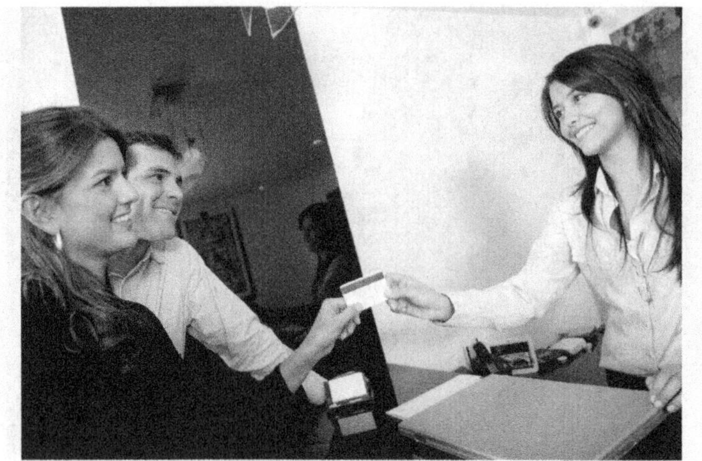

27 [二十七]
27 [ ni juu nana ]

# ホテルで ー 到着

hoteru de ---- touchaku

| | |
|---|---|
| ¿Hay garaje aquí? | 車庫はありますか？<br>shako ha ari masu ka |
| ¿Hay caja fuerte aquí? | 金庫はありますか？<br>kinko ha ari masu ka |
| ¿Hay fax aquí? | ファックスはありますか？<br>fakkusu ha ari masu ka |
| De acuerdo, cogeré la habitación. | この部屋にします。<br>kono heya ni shi masu |
| Aquí tiene las llaves. | 鍵はこちらです。<br>kagi ha kochira desu |
| Éste es mi equipaje. | これが私の荷物です。<br>kore ga watashi no nimotsu desu |
| ¿A qué hora es el desayuno? | 朝食は何時ですか？<br>choushoku ha nan ji desu ka |
| ¿A qué hora es el almuerzo / la comida? | 昼食は何時ですか？<br>chuushoku ha nan ji desu ka |
| ¿A qué hora es la cena? | 夕食は何時ですか？<br>yuushoku ha nan ji desu ka |

28 [veintiocho]

## En el hotel – Quejas

28 [二十八]
28 [ ni juu hachi ]

## ホテルでー苦情
hoteru de ---- kujou

La ducha no funciona.
シャワーが壊れています。
shawa ga koware te i masu

No hay agua caliente.
お湯が出ません。
oyu ga de mase n

¿Podría (usted) arreglarlo / hacer que lo arreglen?
修理してもらえますか？
shuuri shi te morae masu ka

No hay teléfono en la habitación.
部屋に電話がついていません。
heya ni denwa ga tsui te i mase n

No hay televisión en la habitación.
部屋にテレビがありません。
heya ni terebi ga ari mase n

La habitación no tiene balcón.
部屋にバルコニーがありません。
heya ni barukoni ga ari mase n

La habitación es demasiado ruidosa.
部屋がうるさすぎます。
heya ga urusa sugi masu

La habitación es demasiado pequeña.
部屋が小さすぎます。
heya ga chiisa sugi masu

La habitación es demasiado oscura.
部屋が暗すぎます。
heya ga kura sugi masu

28 [veintiocho]

28 [二十八]
28 [ ni juu hachi ]

# En el hotel – Quejas

# ホテルでー苦情
hoteru de ---- kujou

La calefacción no funciona.
暖房が効きません。
danbou ga kiki mase n

El aire acondicionado no funciona.
エアコンが効きません。
eakon ga kiki mase n

El televisor no funciona.
テレビが壊れています。
terebi ga koware te i masu

(Eso) no me gusta.
気に入りません。
kiniiri mase n

(Eso) es demasiado caro.
高すぎます。
taka sugi masu

¿Tiene (usted) algo más barato?
もっと安いのはありますか？
motto yasui no ha ari masu ka

¿Hay algún albergue juvenil por aquí?
近くにユースホステルはありますか？
chikaku ni yusuhosuteru ha ari masu ka

¿Hay alguna pensión cerca de aquí?
近くにペンションはありますか？
chikaku ni penshon ha ari masu ka

¿Hay algún restaurante por aquí?
近くにレストランはありますか？
chikaku ni resutoran ha ari masu ka

29 [veintinueve]

En el restaurante 1

29 [二十九]
29 [ ni juu kyuu ]

レストランで 1
resutoran de 1

| | |
|---|---|
| ¿Está libre esta mesa? | このテーブルは空いていますか？<br>kono teburu ha ai te i masu ka |
| Querría la carta, por favor. | メニューをお願いします。<br>menyu o onegai shi masu |
| ¿Qué me recomienda (usted)? | お勧めは何ですか？<br>o susume ha nani desu ka |
| Me gustaría una cerveza. | ビールをください。<br>biru o kudasai |
| Me gustaría un agua mineral. | ミネラルウォーターをください。<br>mineraru wota o kudasai |
| Me gustaría un zumo de naranja. | オレンジジュースをください。<br>orenji jusu o kudasai |
| Me gustaría un café. | コーヒーをください。<br>kohi o kudasai |
| Me gustaría un café con leche. | コーヒーをミルク付きでお願いします。<br>kohi o miruku tsuki de onegai shi masu |
| Con azúcar, por favor. | 砂糖もお願いします。<br>satou mo onegai shi masu |

29 [veintinueve]

# En el restaurante 1

29 [二十九]
29 [ ni juu kyuu ]

# レストランで 1

resutoran de 1

| | |
|---|---|
| Querría un té. | 紅茶をください。<br>koucha o kudasai |
| Querría un té con limón. | レモンティーをください。<br>remonti o kudasai |
| Querría un té con leche. | ミルクティーをください。<br>miruku ti o kudasai |
| ¿Tiene (usted) cigarrillos? | タバコはありますか？<br>tabako ha ari masu ka |
| ¿Tiene (usted) un cenicero? | 灰皿はありますか？<br>haizara ha ari masu ka |
| ¿Tiene (usted) un encendedor? | ライターはありますか？<br>raita ha ari masu ka |
| Me falta un tenedor. | フォークが足りません。<br>foku ga tari mase n |
| Me falta un cuchillo. | ナイフが足りません。<br>naifu ga tari mase n |
| Me falta una cuchara. | スプーンが足りません。<br>supun ga tari mase n |

30 [treinta]

En el restaurante 2

30 [三十]
30 [ san juu ]

レストランで２
resutoran de 2

| | |
|---|---|
| Un zumo de manzana, por favor. | リンゴジュースをお願いします。<br>ringo jusu o onegai shi masu |
| Una limonada, por favor. | レモネードをお願いします。<br>remonedo o onegai shi masu |
| Un zumo de tomate, por favor. | トマトジュースをお願いします。<br>tomato jusu o onegai shi masu |
| Me gustaría una copa de vino tinto. | 赤ワインを一杯ください。<br>akawain o ippai kudasai |
| Me gustaría una copa de vino blanco. | 白ワインを一杯ください。<br>shiro wain o ippai kudasai |
| Me gustaría una botella de champán. | シャンペンを一杯ください。<br>shanpen o ippai kudasai |
| ¿Te gusta el pescado? | 魚は好きですか？<br>sakana ha suki desu ka |
| ¿Te gusta la carne de ternera? | 牛肉は好きですか？<br>gyuuniku ha suki desu ka |
| ¿Te gusta la carne de cerdo? | 豚肉は好きですか？<br>butaniku ha suki desu ka |

30 [treinta]

En el restaurante 2

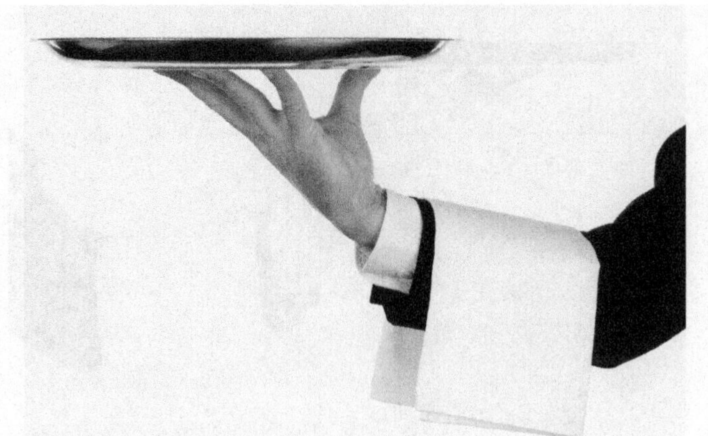

30 [三十]
30 [ san juu ]

レストランで２
resutoran de 2

| | |
|---|---|
| Querría algo sin carne. | 何か、肉料理以外のものをお願いします。<br>nani ka , niku ryouri igai no mono o onegai shi masu |
| Querría un plato de verduras. | 野菜の盛り合わせをお願いします。<br>yasai no moriawase o onegai shi masu |
| Querría algo que no tarde mucho. | 早くできるものをお願いします。<br>hayaku dekiru mono o onegai shi masu |
| ¿Lo querría (usted) con arroz? | ライス付きにしますか？<br>raisu tsuki ni shi masu ka |
| ¿Lo querría (usted) con pasta / fideos? | ヌードル付きにしますか？<br>nudoru tsuki ni shi masu ka |
| ¿Lo querría (usted) con patatas? | ジャガイモ付きにしますか？<br>jagaimo tsuki ni shi masu ka |
| (Eso) no me gusta. | 口に合いません。<br>kuchi ni ai mase n |
| La comida está fría. | 料理が冷めています。<br>ryouri ga same te i masu |
| Eso no lo he pedido. | これは注文していません。<br>kore ha chuumon shi te i mase n |

31 [treinta y uno]

En el restaurante 3

31 [三十一]
31 [ san juu ichi ]

レストランで３
resutoran de 3

| | |
|---|---|
| Querría un entrante. | 前菜をください。<br>zensai o kudasai |
| Querría una ensalada. | サラダをください。<br>sarada o kudasai |
| Querría una sopa. | スープをください。<br>supu o kudasai |
| Querría algo de postre. | デザートをください。<br>dezato o kudasai |
| Querría un helado con nata. | アイスクリーム生クリーム添えをお願いします。<br>aisukurimu namakurimu soe o onegai shi masu |
| Querría fruta o queso. | 果物かチーズをお願いします。<br>kudamono ka chizu o onegai shi masu |
| Nosotros / nosotras querríamos desayunar. | 朝食にしましょう。<br>choushoku ni shi masho u |
| Nosotros / nosotras querríamos comer / almorzar. | 昼ご飯にしましょう。<br>hiru gohan ni shi masho u |
| Nosotros / nosotras querríamos cenar. | 夕食にしましょう。<br>yuushoku ni shi masho u |

31 [treinta y uno]

# En el restaurante 3

31 [三十一]

31 [ san juu ichi ]

# レストランで３

resutoran de 3

| | |
|---|---|
| ¿Qué desea / querría (usted) desayunar? | 朝食には何がいいですか？<br>choushoku ni ha nani ga ii desu ka |
| ¿Panecillos con mermelada y miel? | ジャムと蜂蜜のついたロールパンはいかがですか？<br>jamu to hachimitsu no tsui ta rorupan ha ikaga desu ka |
| ¿Tostadas con salchicha y queso? | ソーセージとチーズを載せたトーストはいかがですか？<br>soseji to chizu o nose ta tosuto ha ikaga desu ka |
| ¿Un huevo cocido / hervido? | ゆで卵はいかがですか？<br>yude tamago ha ikaga desu ka |
| ¿Un huevo frito? | 目玉焼きはいかがですか？<br>medamayaki ha ikaga desu ka |
| ¿Una tortilla francesa? | オムレツはいかがですか？<br>omuretsu ha ikaga desu ka |
| Tráigame otro yogur, por favor. | ヨーグルトをもう一つお願いします。<br>yoguruto o mou hitotsu onegai shi masu |
| Tráigame más sal y pimienta, por favor. | 塩コショウをお願いします。<br>shio koshou o onegai shi masu |
| Tráigame otro vaso de agua, por favor. | 水をもう一杯お願いします。<br>mizu o mou ichi hai onegai shi masu |

32 [treinta y dos]

32 [三十二]
32 [ san juu ni ]

# En el restaurante 4

# レストランで 4

resutoran de 4

| | |
|---|---|
| Una ración de patatas fritas con ketchup. | フライドポテト、ケチャップ付き。<br>furaidopoteto , kechappu tsuki |
| Y dos con mayonesa. | マヨネーズ付きで二つ。<br>mayonezu tsuki de futatsu |
| Y tres raciones de salchichas con mostaza. | マスタード付き焼きソーゼージを三つ。<br>masutado tsuki yaki sozeji o mittsu |
| ¿Qué verduras tiene (usted)? | 野菜は何がありますか？<br>yasai ha nani ga ari masu ka |
| ¿Tiene (usted) habichuelas / frijoles (am.)? | 豆はありますか？<br>mame ha ari masu ka |
| ¿Tiene (usted) coliflor? | カリフラワーはありますか？<br>karifurawa ha ari masu ka |
| Me gusta el maíz. | とうもろこしが好きです。<br>toumorokoshi ga suki desu |
| Me gusta el pepino. | きゅうりが好きです。<br>kyuuri ga suki desu |
| Me gusta el tomate. | トマトが好きです。<br>tomato ga suki desu |

32 [treinta y dos]

# En el restaurante 4

32 [三十二]
32 [ san juu ni ]

# レストランで 4
resutoran de 4

| | |
|---|---|
| ¿Le gusta también comer puerro? | ねぎも好きですか？<br>negi mo suki desu ka |
| ¿Le gusta también comer la col fermentada? | ザウアークラウトも好きですか？<br>zauakurauto mo suki desu ka |
| ¿Le gusta también comer lentejas? | レンズマメも好きですか？<br>renzu mame mo suki desu ka |
| ¿Te gusta también comer zanahoria? | にんじんも好きですか？<br>ninjin mo suki desu ka |
| ¿Te gusta también comer brócoli? | ブロッコリーも好きですか？<br>burokkori mo suki desu ka |
| ¿Te gusta también comer pimientos? | パプリカも好きですか？<br>papurika mo suki desu ka |
| No me gusta la cebolla. | たまねぎは嫌いです。<br>tamanegi ha kirai desu |
| No me gustan las aceitunas. | オリーブは嫌いです。<br>oribu ha kirai desu |
| No me gustan las setas. | きのこは嫌いです。<br>kinoko ha kirai desu |

33 [treinta y tres]

33 [三十三]
33 [ san juu san ]

# En la estación de tren

駅で
eki de

¿Cuándo sale el próximo tren para Berlín?
次のベルリン行きの列車はいつですか？
tsugi no berurin iki no ressha ha i tsu desu ka

¿Cuándo sale el próximo tren para París?
次のパリ行きの列車はいつですか？
tsugi no pari iki no ressha ha i tsu desu ka

¿Cuándo sale el próximo tren para Londres?
次のロンドン行きの列車はいつですか？
tsugi no rondon iki no ressha ha i tsu desu ka

¿A qué hora sale el tren que va a Varsovia?
ワルシャワ行きの列車は何時発ですか？
warushawa iki no ressha ha itsu hatsu desu ka

¿A qué hora sale el tren que va a Estocolmo?
ストックホルム行きの列車は何時発ですか？
sutokkuhorumu iki no ressha ha itsu hatsu desu ka

¿A qué hora sale el tren que va a Budapest?
ブダペスト行きの列車は何時発ですか？
budapesuto iki no ressha ha itsu hatsu desu ka

Querría un billete a Madrid.
マドリッドまで一枚お願いします。
madoriddo made ichi mai onegai shi masu

Querría un billete a Praga.
プラハまで一枚お願いします。
puraha made ichi mai onegai shi masu

Querría un billete a Berna.
ベルンまで一枚お願いします。
berun made ichi mai onegai shi masu

33 [treinta y tres]

33 [三十三]
33 [ san juu san ]

# En la estación de tren

# 駅で
eki de

¿A qué hora llega el tren a Viena?
列車は何時にウィーンに着きますか？
ressha ha nan ji ni win ni tsuki masu ka

¿A qué hora llega el tren a Moscú?
列車は何時にモスクワに着きますか？
ressha ha nan ji ni mosukuwa ni tsuki masu ka

¿A qué hora llega el tren a Ámsterdam?
列車は何時にアムステルダムに着きますか？
ressha ha nan ji ni amusuterudamu ni tsuki masu ka

¿Debo cambiar de tren?
乗り換えはありますか？
norikae ha ari masu ka

¿De qué vía sale el tren?
何番ホームから発車ですか？
nan ban homu kara hassha desu ka

¿Tiene coche-cama el tren?
寝台車はありますか？
shindai sha ha ari masu ka

Querría un billete sólo de ida a Bruselas.
ブリュッセルまで片道お願いします。
buryusseru made katamichi onegai shi masu

Querría un billete de ida y vuelta a Copenhague.
コペンハーゲンまで帰りの切符をお願いします。
kopenhagen made kaeri no kippu o onegai shi masu

¿Cuánto vale una plaza en el coche-cama?
寝台車の料金はいくらですか？
shindai sha no ryoukin ha ikura desu ka

34 [treinta y cuatro]

34 [三十四]
34 [ san juu yon ]

## En el tren

## 列車で
ressha de

¿Es éste el tren que va a Berlín?

これはベルリン行きですか？
kore ha berurin iki desu ka

¿Cuándo sale el tren?

列車は何時発ですか？
ressha ha itsu hatsu desu ka

¿Cuándo llega el tren a Berlín?

ベルリンには何時に到着ですか？
berurin ni ha nan ji ni touchaku desu ka

¿Disculpe, me deja pasar?

すみません、通してください。
sumimasen , tooshi te kudasai

Creo que éste es mi asiento.

それは私の席だと思いますが。
sore ha watashi no seki da to omoi masu ga

Creo que (usted) está sentado en mi asiento.

あなたが座っているのは、私の席だと思います。
anata ga suwat te iru no ha , watashi no seki da to omoi masu

¿Dónde está el coche-cama?

寝台車はどこですか？
shindai sha ha doko desu ka

El coche-cama está al final del tren.

寝台車は、列車の最後尾です。
shindai sha ha , ressha no sai koubi desu

¿Y dónde está el vagón-restaurante? – Al principio.

食堂車はどこですか？　－　一番前です。
shokudou sha ha doko desu ka ---- ichi ban mae desu

34 [treinta y cuatro]

34 [三十四]
34 [ san juu yon ]

# En el tren

# 列車で
ressha de

| | |
|---|---|
| ¿Puedo dormir abajo? | 下段に寝たいのですが。<br>gedan ni ne tai no desu ga |
| ¿Puedo dormir en medio? | 中段に寝たいのですが。<br>chuudan ni ne tai no desu ga |
| ¿Puedo dormir arriba? | 上段に寝たいのですが。<br>joudan ni ne tai no desu ga |
| ¿Cuándo llegamos a la frontera? | 国境にはいつ着きますか？<br>kokkyou ni ha itsu tsuki masu ka |
| ¿Cuánto dura el viaje a Berlín? | ベルリンまではどのくらいかかりますか？<br>berurin made ha dono kurai kakari masu ka |
| ¿Lleva el tren retraso? | 列車は遅れていますか？<br>ressha ha okure te i masu ka |
| ¿Tiene (usted) algo para leer? | 何か読むものを持っていますか？<br>nani ka yomu mono o mot te i masu ka |
| ¿Se puede comprar algo para comer y beber aquí? | ここで、何か食べ物や飲み物が買えますか？<br>koko de , nani ka tabemono ya nomimono ga kae masu ka |
| ¿Podría (usted) despertarme a las 7:00 de la mañana, por favor? | 朝7時に起こしてもらえますか？<br>asa 7 ji ni okoshi te morae masu ka |

35 [treinta y cinco]

35 [三十五]
35 [ san juu go ]

# En el aeropuerto

# 空港で
kuukou de

| | |
|---|---|
| Querría hacer una reserva de avión para Atenas. | アテネ行きの便を予約したいのですが。<br>atene iki no bin o yoyaku shi tai no desu ga |
| ¿Es un vuelo directo? | 直行便ですか？<br>chokkou bin desu ka |
| En la ventana y para no fumadores, por favor. | 窓際、禁煙席をお願いします。<br>madogiwa , kinen seki o onegai shi masu |
| Querría confirmar mi reserva. | 予約の確認をお願いしたいのですが。<br>yoyaku no kakunin o onegai shi tai no desu ga |
| Querría anular mi reserva. | 予約の取り消しをお願いします。<br>yoyaku no torikeshi o onegai shi masu |
| Querría cambiar mi reserva. | 予約の変更をお願いします。<br>yoyaku no henkou o onegai shi masu |
| ¿Cuándo sale el próximo vuelo para Roma? | 次のローマ行きは何時ですか？<br>tsugi no roma iki ha nan ji desu ka |
| ¿Quedan dos plazas libres? | まだ二席空いてますか？<br>mada ni seki ai te masu ka |
| No, sólo queda una plaza libre. | いえ、あと一席しかありません。<br>ie , ato ichi seki shika ari mase n |

35 [treinta y cinco]

35 [三十五]
35 [ san juu go ]

# En el aeropuerto

# 空港で
kuukou de

¿Cuándo aterrizamos?
到着はいつですか？
touchaku ha i tsu desu ka

¿Cuándo llegamos?
何時につきますか？
nan ji ni tsuki masu ka

¿Cuándo sale el autobús que va al centro de la ciudad?
都心へのバスは何時ですか？
toshin he no basu ha nan ji desu ka

¿Es ésta su maleta?
これはあなたのスーツケースですか？
kore ha anata no sutsukesu desu ka

¿Es ésta su bolsa?
これはあなたの鞄ですか？
kore ha anata no kaban desu ka

¿Es éste su equipaje?
これはあなたの荷物ですか？
kore ha anata no nimotsu desu ka

¿Cuánto equipaje puedo llevar?
荷物はどれくらい持っていけますか？
nimotsu ha dore kurai mot te ike masu ka

Veinte kilos.
２０キロです。
20 kiro desu

¿Cómo? ¿Sólo veinte kilos?
えっ、たったの２０キロですか？
e, , tatta no 20 kiro desu ka

36 [treinta y seis]

Transporte Público

36 [三十六]
36 [ san juu roku ]

公共交通機関
koukyou koutsuu kikan

| | |
|---|---|
| ¿Dónde está la parada del autobús? | バス停はどこですか？<br>basutei ha doko desu ka |
| ¿Qué autobús va al centro? | 中心部へのバスはどれですか？<br>chuushin bu he no basu ha dore desu ka |
| ¿Qué línea tengo que coger? | どの路線に乗らなければいけませんか？<br>dono rosen ni nora nakere ba ike mase n ka |
| ¿Debo hacer trasbordo / cambiar de autobús? | 乗り換えはありますか？<br>norikae ha ari masu ka |
| ¿Dónde debo hacer trasbordo / cambiar? | どこで乗り換えなければいけませんか？<br>doko de norikae nakere ba ike mase n ka |
| ¿Cuánto vale un billete? | 切符は一枚いくらですか？<br>kippu ha ichi mai ikura desu ka |
| ¿Cuántas paradas hay hasta el centro? | 中心部は、幾つ目のバス停ですか？<br>chuushin bu ha , ikutsu me no basutei desu ka |
| Tiene (usted) que bajar aquí. | ここで降りてください。<br>koko de ori te kudasai |
| Tiene (usted) que bajar por detrás. | 後ろから降りてください。<br>ushiro kara ori te kudasai |

36 [treinta y seis]

36 [三十六]
36 [ san juu roku ]

# Transporte Público

# 公共交通機関

koukyou koutsuu kikan

| | |
|---|---|
| El próximo metro pasa dentro de 5 minutos. | 次の地下鉄は5分後です。<br>tsugi no chikatetsu ha 5 fun go desu |
| El próximo tranvía pasa dentro de 10 minutos. | 次の市電は10分後です。<br>tsugi no shiden ha 10 fun go desu |
| El próximo autobús pasa dentro de 15 minutos. | 次のバスは15分後です。<br>tsugi no basu ha 15 fun go desu |
| ¿A qué hora pasa el último metro? | 地下鉄の終電は何時ですか？<br>chikatetsu no shuuden ha nan ji desu ka |
| ¿A qué hora pasa el último tranvía? | 市電の終電は何時ですか？<br>shiden no shuuden ha nan ji desu ka |
| ¿A qué hora pasa el último autobús? | バスの最終は何時ですか？<br>basu no saishuu ha nan ji desu ka |
| ¿Tiene (usted) billete? | 乗車券をお持ちですか？<br>jousha ken o o mochi desu ka |
| ¿Billete? – No, no tengo billete. | 乗車券？　いいえ、持っていません。<br>jousha ken iie , mot te i mase n |
| Pues tendrá (usted) que pagar una multa. | では、罰金をいただきます。<br>deha , bakkin o itadaki masu |

37 [treinta y siete]

37 [三十七]
37 [ san juu nana ]

## En el camino

## 外出中に
gaishutsu chuu ni

| | |
|---|---|
| Él va en moto. | 彼はオートバイを運転します。<br>kare ha otobai o unten shi masu |
| Él va en bicicleta. | 彼は自転車に乗ります。<br>kare ha jitensha ni nori masu |
| Él va a pie / andando. | 彼は歩きます。<br>kare ha aruki masu |
| Él va en barco. | 彼は船で行きます。<br>kare ha fune de iki masu |
| Él va en barca. | 彼はボートで行きます。<br>kare ha boto de iki masu |
| Él va nadando. | 彼は泳ぎます。<br>kare ha oyogi masu |
| ¿Es peligrosa esta zona? | ここは危険ですか？<br>koko ha kiken desu ka |
| ¿Es peligroso hacer autostop solo? | 一人でヒッチハイクするのは危険ですか？<br>ichi nin de hicchihaiku suru no ha kiken desu ka |
| ¿Es peligroso ir a pasear de noche? | 夜中に散歩するのは危険ですか？<br>yachuu ni sanpo suru no ha kiken desu ka |

37 [treinta y siete]

# En el camino

37 [三十七]
37 [ san juu nana ]

# 外出中に
gaishutsu chuu ni

| | |
|---|---|
| Nos hemos perdido. | 迷いました。<br>mayoi mashi ta |
| Vamos por el camino equivocado. | 道を間違えました。<br>michi o machigae mashi ta |
| Tenemos que dar la vuelta. | 引き返さなければいけません。<br>hikikaesa nakere ba ike mase n |
| ¿Dónde se puede aparcar por aquí? | このあたりはどこに駐車できますか？<br>kono atari ha doko ni chuusha deki masu ka |
| ¿Hay un aparcamiento por aquí? | 駐車場はありますか？<br>chuusha jou ha ari masu ka |
| ¿Por cuánto tiempo podemos tener el coche aparcado aquí? | どのくらいここに駐車できますか？<br>dono kurai koko ni chuusha deki masu ka |
| ¿Esquía (usted)? | スキーをしますか？<br>suki o shi masu ka |
| ¿Sube (usted) con el telesilla? | スキーリフトで上へあがりますか？<br>suki rifuto de ue he agari masu ka |
| ¿Se pueden alquilar esquís aquí? | ここでスキーをレンタルできますか？<br>koko de suki o rentaru deki masu ka |

38 [treinta y ocho]

38 [三十八]
38 [ san juu hachi ]

# En el taxi

# タクシーで

takushi de

| | |
|---|---|
| Pida (usted) un taxi, por favor. | タクシーを呼んでください。<br>takushi o yon de kudasai |
| ¿Cuánto vale ir hasta la estación? | 駅までいくらですか？<br>eki made ikura desu ka |
| ¿Cuánto vale ir hasta el aeropuerto? | 空港までいくらですか？<br>kuukou made ikura desu ka |
| Vaya recto, por favor. | まっすぐ行ってください。<br>massugu it te kudasai |
| Aquí a la derecha, por favor. | ここで右にお願いします。<br>koko de migi ni onegai shi masu |
| Allí, en la esquina, a la izquierda, por favor. | そこの角を左にお願いします。<br>soko no kaku o hidari ni onegai shi masu |
| Tengo prisa. | 急いでいます。<br>isoi de i masu |
| Tengo tiempo. | 時間はあります。<br>jikan ha ari masu |
| Vaya (usted) más despacio, por favor. | もっとゆっくり運転してください。<br>motto yukkuri unten shi te kudasai |

38 [treinta y ocho]

38 [三十八]
38 [ san juu hachi ]

# En el taxi

# タクシーで

takushi de

| | |
|---|---|
| Pare (usted) aquí, por favor. | ここで停めてください。<br>koko de tome te kudasai |
| Espere (usted) un momento, por favor. | ちょっと待っていてください。<br>chotto mat te i te kudasai |
| Vuelvo enseguida. | すぐに戻ります。<br>sugu ni modori masu |
| Hágame (usted) un recibo, por favor. | 領収書をお願いします。<br>ryoushuu sho o onegai shi masu |
| No tengo dinero suelto. | 小銭がありません。<br>kozeni ga ari mase n |
| Está bien así, quédese con el cambio. | おつりはいりません。<br>o tsuri hairi mase n |
| Lléveme a esta dirección. | この住所までお願いします。<br>kono juusho made onegai shi masu |
| Lléveme a mi hotel. | 私のホテルまでお願いします。<br>watashi no hoteru made onegai shi masu |
| Lléveme a la playa. | 浜辺までお願いします。<br>hamabe made onegai shi masu |

39 [treinta y nueve]

Averías en el coche

39 [三十九]
39 [ san juu kyuu ]

車の故障
kuruma no koshou

¿Dónde está la próxima gasolinera?
一番近いガソリンスタンドはどこですか？
ichiban chikai gasorinsutando ha doko desu ka

Tengo una rueda pinchada.
パンクしました。
panku shi mashi ta

¿Puede (usted) cambiar la rueda?
タイヤを交換してもらえますか？
taiya o koukan shi te morae masu ka

Necesito un par de litros de gasóleo.
ディーゼルが数リッター必要です。
dizeru ga suu ritta hitsuyou desu

Me he quedado sin gasolina.
ガソリンがもうありません。
gasorin ga mou ari mase n

¿Tiene (usted) un bidón de reserva?
予備のガソリンタンクはありますか？
yobi no gasorin tanku ha ari masu ka

¿Desde dónde puedo llamar (por teléfono)?
どこか電話をかけられるところはありますか？
doko ka denwa o kake rareru tokoro ha ari masu ka

Necesito una grúa.
レッカー移動が必要です。
rekka idou ga hitsuyou desu

Busco un taller mecánico.
修理工場を探しています。
shuuri koujou o sagashi te i masu

39 [treinta y nueve]

Averías en el coche

39 [三十九]
39 [ san juu kyuu ]

車の故障
kuruma no koshou

| | |
|---|---|
| Ha habido un accidente. | 事故がありました。<br>jiko ga ari mashi ta |
| ¿Dónde está el teléfono más cercano? | 一番近い電話はどこですか？<br>ichiban chikai denwa ha doko desu ka |
| ¿Tiene (usted) un (teléfono) móvil? | 携帯電話を持っていますか？<br>keitai denwa o mot te i masu ka |
| Necesitamos ayuda. | 助けてください。<br>tasuke te kudasai |
| ¡Llame (usted) a un médico! | 医者を呼んでください。<br>isha o yon de kudasai |
| ¡Llame (usted) a la policía! | 警察を呼んでください。<br>keisatsu o yon de kudasai |
| Su documentación, por favor. | 書類を見せてください。<br>shorui o mise te kudasai |
| Su permiso de conducir, por favor. | 免許証を見せてください。<br>menkyo shou o mise te kudasai |
| Su permiso de circulación, por favor. | 自動車登録書を見せてください。<br>jidousha touroku sho o mise te kudasai |

40 [cuarenta]

Preguntando por el camino

40 [四十]
40 [ yon juu ]

道を尋ねる
michi o tazuneru

| | |
|---|---|
| ¡Disculpe! | すみません！<br>sumimasen ! |
| ¿Me puede ayudar? | ちょっといいですか？<br>chotto ii desu ka |
| ¿Dónde hay un buen restaurante por aquí? | この辺にいいレストランはありますか？<br>kono atari ni ii resutoran ha ari masu ka |
| Gire (usted) a la izquierda en la esquina. | そこの角を左に行ってください。<br>soko no kaku o hidari ni it te kudasai |
| Siga entonces derecho un trecho. | それからしばらく真っ直ぐに行ってください。<br>sorekara shibaraku massugu ni it te kudasai |
| Después vaya a la derecha por cien metros. | それから１００メートル右に行ってください。<br>sorekara 100 metoru migi ni it te kudasai |
| (Usted) también puede tomar el autobús. | バスでも行けます。<br>basu de mo ike masu |
| (Usted) también puede tomar el tranvía. | 市電でも行けます。<br>shiden de mo ike masu |
| (Usted) también puede simplemente conducir / manejar (am.) detrás de mí. | 私の後ろからついて来てもらってもいいです。<br>watashi no ushiro kara tsui te ki te morat te mo ii desu |

40 [cuarenta]

Preguntando por el camino

40 [四十]
40 [ yon juu ]

道を尋ねる
michi o tazuneru

¿Cómo hago para llegar al estadio de fútbol?

サッカー場へはどうやっていけばいいですか？
sakka jou he ha dou yat te ike ba ii desu ka

¡Cruce el puente!

橋を渡ってください。
hashi o watat te kudasai

¡Pase el túnel!

トンネルをくぐってください。
tonneru o kugut te kudasai

Conduzca / Maneje (am.) hasta que llegue al tercer semáforo.

三つ目の信号まで行ってください。
mittsu me no shingou made it te kudasai

Después tuerza en la primera calle a la derecha.

そこから一つ目の通りを右折してください。
soko kara hitotsu me no toori o usetsu shi te kudasai

Después conduzca / maneje (am.) recto pasando el próximo cruce.

そのまま真っ直ぐ、交差点を渡ってください。
sonomama massugu , kousaten o watat te kudasai

¿Disculpe, cómo hago para llegar al aeropuerto?

すみません、空港へはどうやって行けばいいですか？
sumimasen , kuukou he ha dou yat te ike ba ii desu ka

Mejor tome (usted) el metro.

地下鉄が一番簡単です。
chikatetsu ga ichiban kantan desu

Simplemente vaya hasta la última estación.

終点まで行ってください。
shuuten made it te kudasai

41 [cuarenta y uno]

41 [四十一]
41 [ yon juu ichi ]

## Orientación

## 場所を尋ねる
basho o tazuneru

| | |
|---|---|
| ¿Dónde está la Oficina de Turismo? | 観光局はどこですか？<br>kankou kyoku ha doko desu ka |
| ¿Tiene (usted) un plano de la ciudad para mí? | 市街地図はありますか？<br>shigai chizu ha ari masu ka |
| ¿Puedo hacer una reserva de hotel aquí? | ここでホテルの予約は出来ますか？<br>koko de hoteru no yoyaku ha deki masu ka |
| ¿Dónde está el casco antiguo? | 旧市街はどこですか？<br>kyuu shigai ha doko desu ka |
| ¿Dónde está la catedral? | 大聖堂はどこですか？<br>dai seidou ha doko desu ka |
| ¿Dónde está el museo? | 美術館はどこですか？<br>bijutsukan ha doko desu ka |
| ¿Dónde se pueden comprar sellos? | 切手はどこで買えますか？<br>kitte ha doko de kae masu ka |
| ¿Dónde se pueden comprar flores? | 花はどこで買えますか？<br>hana ha doko de kae masu ka |
| ¿Dónde se pueden comprar billetes? | 乗車券はどこで買えますか？<br>tousha ken ha doko de kae masu ka |

41 [cuarenta y uno]

# Orientación

41 [四十一]
41 [ yon juu ichi ]

# 場所を尋ねる

basho o tazuneru

| | |
|---|---|
| ¿Dónde está el puerto? | 港はどこですか？<br>minato ha doko desu ka |
| ¿Dónde está el mercado? | 市場はどこですか？<br>shijou ha doko desu ka |
| ¿Dónde está el castillo? | お城はどこですか？<br>o shiro ha doko desu ka |
| ¿Cuándo empieza la visita guiada? | ツアーは何時に始まりますか？<br>tsua ha nan ji ni hajimari masu ka |
| ¿Cuándo acaba la visita guiada? | ツアーは何時に終わりますか？<br>tsua ha nan ji ni owari masu ka |
| ¿Cuánto tiempo dura la visita guiada? | ツアーはどれくらいかかりますか？<br>tsua ha dore kurai kakari masu ka |
| Quisiera un guía que hable alemán. | ドイツ語を話すガイドさんがいいです。<br>doitsu go o hanasu gaido san ga ii desu |
| Quisiera un guía que hable italiano. | イタリア語を話すガイドさんがいいです。<br>itaria go o hanasu gaido san ga ii desu |
| Quisiera un guía que hable francés. | フランス語を話すガイドさんがいいです。<br>furansugo o hanasu gaido san ga ii desu |

42 [cuarenta y dos]

Una visita por la ciudad

42 [四十二]
42 [ yon juu ni ]

市内観光
shinai kankou

¿Está abierto el mercado los domingos? | 市場は日曜は開いていますか？
shijou ha nichiyou ha hirai te i masu ka

¿Está abierta la feria los lunes? | フェアは月曜は開いていますか？
fea ha getsuyou ha hirai te i masu ka

¿Está abierta la exposición los martes? | 展覧会は火曜は開いてますか？
tenran kai ha kayou ha hirai te masu ka

¿Está abierto el zoológico los miércoles? | 動物園は水曜は開いていますか？
doubutsu en ha suiyou ha hirai te i masu ka

¿Está abierto el museo los jueves? | 美術館は木曜は開いていますか？
bijutsukan ha mokuyou ha hirai te i masu ka

¿Está abierta la galería los viernes? | ギャラリーは金曜は開いていますか？
gyarari ha kinyou ha hirai te i masu ka

¿Se pueden tomar fotos? | 写真をとってもいいですか？
shashin o tot te mo ii desu ka

¿Hay que pagar entrada? | 入場料はかかりますか？
nyuujou ryou ha kakari masu ka

¿Cuánto vale la entrada? | 入場料はいくらですか？
nyuujou ryou ha ikura desu ka

42 [cuarenta y dos]

Una visita por la ciudad

42 [四十二]
42 [ yon juu ni ]

市内観光
shinai kankou

| | |
|---|---|
| ¿Hay descuento para grupos? | 団体割引はありますか？<br>dantai waribiki ha ari masu ka |
| ¿Hay descuento para niños? | 子供割引はありますか？<br>kodomo waribiki ha ari masu ka |
| ¿Hay descuento para estudiantes? | 学生割引はありますか？<br>gakusei waribiki ha ari masu ka |
| ¿Qué tipo de edificio es éste? | これは何の建物ですか？<br>kore ha nani no tatemono desu ka |
| ¿De hace cuánto es este edificio? | この建物はどれぐらい古いのですか？<br>kono tatemono ha dore gurai furui no desu ka |
| ¿Quién construyó este edificio? | だれがこの建物を建てたのですか？<br>dare ga kono tatemono o tate ta no desu ka |
| Me interesa la arquitectura. | 建築に興味があります。<br>kenchiku ni kyoumi ga ari masu |
| Me interesa el arte. | 芸術に興味があります。<br>geijutsu ni kyoumi ga ari masu |
| Me interesa la pintura. | 絵画に興味があります。<br>kaiga ni kyoumi ga ari masu |

43 [cuarenta y tres]

43 [四十三]
43 [ yon juu san ]

# En el zoológico

# 動物園で
doubutsu en de

| | |
|---|---|
| Ahí está el zoológico. | あそこが動物園です。<br>asoko ga doubutsu en desu |
| Ahí están las jirafas. | キリンがいます。<br>kirin ga i masu |
| ¿Dónde están los osos? | 熊はどこですか？<br>kuma ha doko desu ka |
| ¿Dónde están los elefantes? | 象はどこですか？<br>zou ha doko desu ka |
| ¿Dónde están las serpientes? | 蛇はどこですか？<br>hebi ha doko desu ka |
| ¿Dónde están los leones? | ライオンはどこですか？<br>raion ha doko desu ka |
| (Yo) tengo una cámara fotográfica. | カメラを持っています。<br>kamera o mot te i masu |
| (Yo) tengo también una videocámara. | 私もビデオカメラを持っています。<br>watashi mo bideokamera o mot te i masu |
| ¿Dónde están las pilas / baterías? | 電池はどこですか？<br>denchi ha doko desu ka |

43 [cuarenta y tres]

43 [四十三]
43 [ yon juu san ]

# En el zoológico

# 動物園で
doubutsu en de

| | |
|---|---|
| ¿Dónde están los pingüinos? | ペンギンはどこですか？<br>pengin ha doko desu ka |
| ¿Dónde están los canguros? | カンガルーはどこですか？<br>kangaru ha doko desu ka |
| ¿Dónde están los rinocerontes? | サイはどこですか？<br>sai ha doko desu ka |
| ¿Dónde está el lavabo? | トイレはどこですか？<br>toire ha doko desu ka |
| Ahí hay una cafetería. | あそこにカフェがあります。<br>asoko ni kafe ga ari masu |
| Ahí hay un restaurante. | あそこにレストランがあります。<br>asoko ni resutoran ga ari masu |
| ¿Dónde están los camellos? | らくだはどこですか？<br>rakuda ha doko desu ka |
| ¿Dónde están los gorilas y las cebras? | ゴリラとシマウマはどこですか？<br>gorira to shimauma ha doko desu ka |
| ¿Dónde están los tigres y cocodrilos? | トラとワニはどこですか？<br>tora to wani ha doko desu ka |

44 [cuarenta y cuatro]

44 [四十四]
44 [ yon juu yon ]

# Salir por la noche

# 夜の外出
yoru no gaishutsu

| | |
|---|---|
| ¿Hay alguna discoteca por aquí? | この辺にディスコはありますか？<br>kono atari ni disuko ha ari masu ka |
| ¿Hay algún club nocturno por aquí? | この辺にナイトクラブはありますか？<br>kono atari ni naitokurabu ha ari masu ka |
| ¿Hay algún bar por aquí? | この辺に飲み屋はありますか？<br>kono atari ni nomiya ha ari masu ka |
| ¿Qué hay esta noche en el teatro? | 今夜は劇場では何をやっていますか？<br>konya ha gekijou de ha nani o yat te i masu ka |
| ¿Qué ponen esta noche en el cine? | 今夜は映画館で何をやっていますか？<br>konya ha eiga kan de nani o yat te i masu ka |
| ¿Qué echan esta noche por televisión? | 今夜、テレビでは何をやっていますか？<br>konya , terebi de ha nani o yat te i masu ka |
| ¿Aún hay entradas para el teatro? | 劇場のチケットはまだありますか？<br>gekijou no chiketto ha mada ari masu ka |
| ¿Aún hay entradas para el cine? | 映画のチケットはまだありますか？<br>eiga no chiketto ha mada ari masu ka |
| ¿Aún hay entradas para el partido de fútbol? | サッカーの試合のチケットはまだありますか？<br>sakka no shiai no chiketto ha mada ari masu ka |

44 [cuarenta y cuatro]

# Salir por la noche

44 [四十四]
44 [ yon juu yon ]

# 夜の外出

yoru no gaishutsu

| | |
|---|---|
| Querría sentarme atrás del todo. | 一番後ろの席がいいです。<br>ichiban ushiro no seki ga ii desu |
| Querría sentarme por el centro. | 真中あたりの席がいいです。<br>mannaka atari no seki ga ii desu |
| Querría sentarme delante del todo. | 一番前の席がいいです。<br>ichiban mae no seki ga ii desu |
| ¿Qué me puede recomendar (usted)? | 何かお勧めはありますか？<br>nani ka o susume ha ari masu ka |
| ¿Cuándo empieza la sesión? | 開演は何時ですか？<br>kaien ha nan ji desu ka |
| ¿Puede conseguirme (usted) una entrada? | チケットを一枚用意してもらえますか？<br>chiketto o ichi mai youi shi te morae masu ka |
| ¿Hay algún campo de golf por aquí? | 近くにゴルフ場はありますか？<br>chikaku ni gorufu jou ha ari masu ka |
| ¿Hay algún campo de tenis por aquí? | 近くにテニスコートはありますか？<br>chikaku ni tenisu koto ha ari masu ka |
| ¿Hay alguna piscina cubierta por aquí? | 近くにプールはありますか？<br>chikaku ni puru ha ari masu ka |

45 [cuarenta y cinco]

45 [四十五]
45 [ yon juu go ]

# En el cine

# 映画館で

eiga kan de

| | |
|---|---|
| (Nosotros / nosotras) queremos ir al cine. | 映画館に行きましょう。<br>eiga kan ni iki masho u |
| Ponen una buena película hoy. | 今日はいい映画をやっています。<br>kyou ha ii eiga o yat te i masu |
| La película es completamente nueva. | その映画は最新作です。<br>sono eiga ha saishin saku desu |
| ¿Dónde está la caja? | チケット売り場はどこですか？<br>chiketto uriba ha doko desu ka |
| ¿Aún hay asientos disponibles? | まだ席は空いていますか？<br>mada seki ha ai te i masu ka |
| ¿Cuánto cuestan las entradas? | 入場料はいくらですか？<br>nyuujou ryou ha ikura desu ka |
| ¿Cuándo comienza la sesión? | 開演は何時ですか？<br>kaien ha nan ji desu ka |
| ¿Cuánto dura la película? | 上映時間はどれくらいですか？<br>jouei jikan ha dore kurai desu ka |
| ¿Se pueden reservar entradas / boletos (am.)? | チケットを予約できますか？<br>chiketto o yoyaku deki masu ka |

45 [cuarenta y cinco]

45 [四十五]
45 [ yon juu go ]

## En el cine

## 映画館で
eiga kan de

| | |
|---|---|
| Querría sentarme detrás. | 後ろのほうに座りたいのですが。<br>ushiro no hou ni suwari tai no desu ga |
| Querría sentarme delante. | 前のほうに座りたいのですが。<br>mae no hou ni suwari tai no desu ga |
| Querría sentarme en el medio. | 真中あたりに座りたいのですが。<br>mannaka atari ni suwari tai no desu ga |
| La película fue emocionante. | どきどきする映画でした。<br>dokidoki suru eiga deshi ta |
| La película no fue aburrida. | 映画はつまらなくはなかったです。<br>eiga ha tsumaranaku ha nakat ta desu |
| Pero el libro en el que se basa la película era mejor. | でも、原作のほうが良かったです。<br>demo , gensaku no hou ga yokat ta desu |
| ¿Cómo fue la música? | 音楽はどうでしたか？<br>ongaku ha dou deshi ta ka |
| ¿Cómo fueron los actores? | 俳優はどうでしたか？<br>haiyuu ha dou deshi ta ka |
| ¿Había subtítulos en inglés? | 英語の字幕付きですか？<br>eigo no jimaku tsuki desu ka |

46 [cuarenta y seis]

46 [四十六]
46 [ yon juu roku ]

## En la discoteca

## ディスコで
disuko de

| | |
|---|---|
| ¿Está libre esta silla? | この席、空いてますか？<br>kono seki , ai te masu ka |
| ¿Puedo sentarme en su mesa? | あなたの横に座ってもいいですか？<br>anata no yoko ni suwat te mo ii desu ka |
| Por supuesto. | どうぞ。<br>douzo |
| ¿Qué le parece la música? | この音楽は好きですか？<br>kono ongaku ha suki desu ka |
| Un poco demasiado alta. | ちょっとうるさいですね。<br>chotto urusai desu ne |
| Pero el grupo toca muy bien. | でもバンドの演奏は上手ですね。<br>demo bando no ensou ha jouzu desu ne |
| ¿Viene (usted) mucho por aquí? | ここにはよく来るのですか？<br>koko ni ha yoku kuru no desu ka |
| No, ésta es la primera vez. | いいえ、初めてです。<br>iie , hajimete desu |
| Yo nunca había estado aquí antes. | 来たことがありません。<br>ki ta koto ga ari mase n |

46 [cuarenta y seis]

46 [四十六]
46 [ yon juu roku ]

## En la discoteca

## ディスコで
disuko de

| | |
|---|---|
| ¿Baila? | 踊りますか？<br>odori masu ka |
| Tal vez más tarde. | 多分、あとで。<br>tabun , ato de |
| No bailo muy bien. | あまりうまく踊れません。<br>amari umaku odore mase n |
| Es muy fácil. | とても簡単ですよ。<br>totemo kantan desu yo |
| Yo le enseño. | やって見せましょう。<br>yat te mise masho u |
| No, mejor en otra ocasión. | いいえ、また今度。<br>iie , mata kondo |
| ¿Espera (usted) a alguien? | 誰かを待っているのですか？<br>dare ka o mat te iru no desu ka |
| Sí, a mi novio. | ええ、ボーイフレンドです。<br>ee , boifurendo desu |
| ¡Ya está aquí! | あそこから来るのがそうです。<br>asoko kara kuru no ga sou desu |

47 [cuarenta y siete]

Preparando un viaje

47 [四十七]
47 [ yon juu nana ]

旅行の準備
ryokou no junbi

¡(Tú) tienes que hacer nuestra maleta!
あなたは私達のスーツケースを準備しなくてはいけません。
anata ha watashi tachi no sutsukesu o junbi shi naku te ha ike mase n

¡No puedes olvidarte de nada!
忘れ物のないように！
wasuremono no nai you ni !

¡(Tú) necesitas una maleta grande!
あなたには大きなスーツケースが必要です。
anata ni ha ookina sutsukesu ga hitsuyou desu

¡No olvides tu pasaporte!
パスポートを忘れないように！
pasupoto o wasure nai you ni !

¡No olvides tu billete / pasaje (am.)!
航空券を忘れないように！
koukuu ken o wasure nai you ni !

¡No olvides tus cheques de viaje!
トラベラーズチェックを忘れないように！
toraberazuchekku o wasure nai you ni !

Lleva crema solar (contigo).
日焼け止めクリームを持っていきなさい。
hiyake tome kurimu o mot te iki nasai

Lleva las gafas de sol (contigo).
サングラスを持っていきなさい。
sangurasu o mot te iki nasai

Lleva el sombrero (contigo).
サンバイザーを持っていきなさい。
sanbaiza o mot te iki nasai

47 [cuarenta y siete]

Preparando un viaje

47 [四十七]
47 [ yon juu nana ]

旅行の準備
ryokou no junbi

| | |
|---|---|
| ¿Quieres llevar un mapa de carreteras? | 市街地図を持っていきたいですか？<br>shigai chizu o mot te iki tai desu ka |
| ¿Quieres llevar una guía de viaje? | ガイドブックを持っていきたいですか？<br>gaidobukku o mot te iki tai desu ka |
| ¿Quieres llevar un paraguas? | （君は）傘を持っていきたいですか？<br>( kun ha ) kasa o mot te iki tai desu ka |
| Que no se te olviden los pantalones, las camisas, los calcetines. | ズボン、シャツ、靴下を忘れないように！<br>zubon , shatsu , kutsushita o wasure nai you ni ! |
| Que no se te olviden las corbatas, los cinturones, las americanas. | ネクタイ、ベルト、ジャケットを忘れないように！<br>nekutai , beruto , jaketto o wasure nai you ni ! |
| Que no se te olviden los pijamas, los camisones y las camisetas. | パジャマ、ガウン、Ｔシャツを忘れないように！<br>pajama , gaun , Ttishatsu o wasure nai you ni ! |
| (Tú) necesitas zapatos, sandalias y botas. | （君は）靴、サンダル、ブーツもいります。<br>( kun ha ) kutsu , sandaru , butsu mo iri masu |
| (Tú) necesitas pañuelos, jabón y unas tijeras de manicura. | （君は）ティッシュ、石鹸、爪きりもいります。<br>( kun ha ) tisshu , sekken , tsume kiri mo iri masu |
| (Tú) necesitas un peine, un cepillo de dientes y pasta de dientes. | （君は）櫛、歯ブラシ、歯磨き粉もいります。<br>( kun ha ) kushi , haburashi , hamigakiko mo iri masu |

48 [cuarenta y ocho]

Actividades vacacionales

48 [四十八]
48 [ yon juu hachi ]

休暇中の活動
kyuuka chuu no katsudou

¿Está limpia la playa?
浜辺はきれいですか？
hamabe ha kirei desu ka

¿Se puede uno bañar (allí)?
そこでは泳げますか？
soko de ha oyoge masu ka

¿No es peligroso bañarse (allí)?
そこで泳いでも危なくないですか？
sokode oyoi de mo abunaku nai desu ka

¿Se pueden alquilar sombrillas aquí?
ここでビーチパラソルをレンタル出来ますか？
koko de bichiparasoru o rentaru deki masu ka

¿Se pueden alquilar tumbonas aquí?
ここでビーチチェアをレンタルできますか？
koko de bichi chea o rentaru deki masu ka

¿Se pueden alquilar barcas aquí?
ここでボートをレンタルできますか？
koko de boto o rentaru deki masu ka

Me gustaría hacer surf.
サーフィンがしたいです。
safin ga shi tai desu

Me gustaría bucear.
スキューバダイビングをしたいです。
sukyubadaibingu o shi tai desu

Me gustaría hacer esquí acuático.
水上スキーをしたいです。
mizukami suki o shi tai desu

48 [cuarenta y ocho]

Actividades vacacionales

48 [四十八]
48 [ yon juu hachi ]

休暇中の活動
kyuuka chuu no katsudou

| | |
|---|---|
| ¿Se pueden alquilar tablas de surf? | サーフボードをレンタルできますか？<br>safu bodo o rentaru deki masu ka |
| ¿Se pueden alquilar equipos de buceo? | ダイビング用装備をレンタルできますか？<br>daibingu you soubi o rentaru deki masu ka |
| ¿Se pueden alquilar esquís acuáticos? | 水上スキーをレンタルできますか？<br>mizukami suki o rentaru deki masu ka |
| Soy principiante. | 私は初心者です。<br>watashi ha shoshinsha desu |
| Tengo un nivel intermedio. | 私は中級です。<br>watashi ha chuukyuu desu |
| Tengo un buen nivel. | 私はベテランです。<br>watashi ha beteran desu |
| ¿Dónde está el telesilla? | スキーリフトはどこですか？<br>suki rifuto ha doko desu ka |
| ¿Tienes los esquís aquí? | スキーを持っていますか？<br>suki o mot te i masu ka |
| ¿Tienes las botas de esquí aquí? | スキー靴を持っていますか？<br>suki kutsu o mot te i masu ka |

49 [cuarenta y nueve]

49 [四十九]
49 [ yon juu kyuu ]

Deporte

スポーツ
supotsu

¿Haces deporte?
何かスポーツをしますか？
nani ka supotsu o shi masu ka

Si, necesito estar en movimiento.
ええ、体を動かさなくちゃ。
ee , karada o ugokasa naku cha

(Yo) voy a un club deportivo.
スポーツクラブに行ってます。
supotsu kurabu ni it te masu

(Nosotros / nosotras) jugamos al fútbol.
私達はサッカーをします。
watashi tachi ha sakka o shi masu

A veces (nosotros / nosotras) nadamos.
時々泳ぎにも行きます。
tokidoki oyogi ni mo iki masu

O montamos en bicicleta.
サイクリングをすることもあります。
saikuringu o suru koto mo ari masu

Hay un estadio de fútbol en nuestra ciudad.
私達の町には、サッカースタジアムがあります。
watashi tachi no machi ni ha , sakka sutajiamu ga ari masu

También hay una piscina con sauna.
サウナ付きのプールもあります。
sauna tsuki no puru mo ari masu

Y hay un campo de golf.
ゴルフ場もあります。
gorufu jou mo ari masu

49 [cuarenta y nueve]

# Deporte

49 [四十九]
49 [ yon juu kyuu ]

# スポーツ

supotsu

¿Qué hay en la televisión?

テレビでは何をやっていますか？
terebi de ha nani o yat te i masu ka

En este momento hay un partido de fútbol.

ちょうどサッカーをやっています。
choudo sakka o yat te i masu

El equipo alemán está jugando contra el inglés.

ドイツ対イギリスです。
doitsu tai igirisu desu

¿Quién está ganando?

どっちが勝っていますか？
docchi ga kat te i masu ka

No tengo ni idea.

わかりません。
wakari mase n

En este momento están empatados.

今はまだ勝負がついていません。
ima ha mada shoubu ga tsui te i mase n

El árbitro es de Bélgica.

審判はベルギー人です。
shinpan ha berugi jin desu

Ahora hay un penalti.

今から、ペナルティーキックです。
ima kara , penaruti kikku desu

¡Gol! ¡Uno a cero!

入った！　１対０だ！
hait ta ! 1 tai 0 da !

50 [cincuenta]

50 [五十]
50 [ go juu ]

# En la piscina

# プールで
puru de

| | |
|---|---|
| Hace calor hoy. | 今日は暑いですね。<br>kyou ha atsui desu ne |
| ¿Vamos a la piscina? | プールに行きましょうか？<br>puru ni iki masho u ka |
| ¿Tienes ganas de ir a nadar? | 泳ぎに行きたいですか？<br>oyogi ni iki tai desu ka |
| ¿Tienes una toalla? | タオルを持っていますか？<br>taoru o mot te i masu ka |
| ¿Tienes un bañador? | 水泳パンツを持っていますか？<br>suiei pantsu o mot te i masu ka |
| ¿Tienes un traje de baño? | 水着を持っていますか？<br>mizugi o mot te i masu ka |
| ¿(Tú) sabes nadar? | 泳げるますか？<br>oyogeru masu ka |
| ¿(Tú) sabes bucear? | 潜れるますか？<br>sen reru masu ka |
| ¿(Tú) sabes lanzarte al agua? | 飛び込みが出来ますか？<br>tobikomi ga deki masu ka |

50 [cincuenta]

50 [五十]
50 [ go juu ]

## En la piscina

## プールで
puru de

| | |
|---|---|
| ¿Dónde está la ducha? | シャワーはどこですか？<br>shawa ha doko desu ka |
| ¿Dónde está el vestuario? | 更衣室はどこですか？<br>koui shitsu ha doko desu ka |
| ¿Dónde están las gafas / los lentes (am.) de natación? | 水中メガネはどこですか？<br>suichuu megane ha doko desu ka |
| ¿Es el agua profunda? | 水は深いですか？<br>mizu ha fukai desu ka |
| ¿Está limpia el agua? | 水はきれいですか？<br>mizu ha kirei desu ka |
| ¿Está caliente el agua? | 水は暖かいですか？<br>mizu ha atatakai desu ka |
| Me estoy congelando. | 寒いです。<br>samui desu |
| El agua está demasiado fría. | 水が冷たすぎます。<br>mizu ga tsumeta sugi masu |
| Salgo del agua ahora. | もう水から上がります。<br>mou mizu kara agari masu |

51 [cincuenta y uno]

Haciendo diligencias

51 [五十一]
51 [ go juu ichi ]

調達 / 買い物
choutatsu / kaimono

| | |
|---|---|
| Quiero ir a la biblioteca. | 図書館に行きたいです。<br>toshokan ni iki tai desu |
| Quiero ir a la librería. | 本屋に行きたいです。<br>honya ni iki tai desu |
| Quiero ir al quiosco. | キオスクに行きたいです。<br>kiosuku ni iki tai desu |
| Quiero llevarme un libro prestado. | 本を借りたいです。<br>hon o kari tai desu |
| Quiero comprar un libro. | 本を買いたいです。<br>hon o kai tai desu |
| Quiero comprar un periódico. | 新聞を買いたいです。<br>shinbun o kai tai desu |
| Quiero ir a la biblioteca para tomar prestado un libro. | 本を借りに図書館に行きたいです。<br>hon o kari ni toshokan ni iki tai desu |
| Quiero ir a la librería para comprar un libro. | 本を買いに本屋に行きたいです。<br>hon o kai ni honya ni iki tai desu |
| Quiero ir al quiosco para comprar un periódico. | 新聞を買いにキオスクに行きたいです。<br>shinbun o kai ni kiosuku ni iki tai desu |

51 [cincuenta y uno]

51 [五十一]
51 [ go juu ichi ]

## Haciendo diligencias

## 調達 / 買い物
choutatsu / kaimono

| | |
|---|---|
| Quiero ir a la óptica. | メガネ屋に行きたいです。<br>megane ya ni iki tai desu |
| Quiero ir al supermercado. | スーパーマーケットに行きたいです。<br>supamaketto ni iki tai desu |
| Quiero ir a la panadería. | パン屋に行きたいです。<br>pan ya ni iki tai desu |
| Quiero comprarme unas gafas. | 眼鏡を買いたいです。<br>megane o kai tai desu |
| Quiero comprar frutas y verduras. | 果物と野菜を買いたいです。<br>kudamono to yasai o kai tai desu |
| Quiero comprar pan y panecillos. | プチパンとパンを買いたいです。<br>puchipan to pan o kai tai desu |
| Quiero ir a la óptica para comprarme unas gafas. | 眼鏡を買いに眼鏡屋に行きたいです。<br>megane o kai ni megane ya ni iki tai desu |
| Quiero ir al supermercado para comprar frutas y verduras. | 果物と野菜を買いに、スーパーマーケットに行きたいです。<br>kudamono to yasai o kai ni , supamaketto ni iki tai desu |
| Quiero ir a la panadería para comprar pan y panecillos. | ロールパンとパンを買いに、パン屋に行きたいです。<br>rorupan to pan o kai ni , pan ya ni iki tai desu |

52 [cincuenta y dos]

# En los grandes almacenes

52 [五十二]
52 [ go juu ni ]

# デパートで
depato de

| | |
|---|---|
| ¿Vamos a los grandes almacenes / la tienda por departamento (am.)? | デパートに行きましょうか？<br>depato ni iki masho u ka |
| (Yo) tengo que hacer unas compras. | 買い物をしなくてはいけません。<br>kaimono o shi naku te ha ike mase n |
| (Yo) quiero comprar muchas cosas. | たくさん買いたいです。<br>takusan kai tai desu |
| ¿Dónde están los materiales de oficina? | 文房具売り場はどこですか？<br>bunbougu uriba ha doko desu ka |
| (Yo) necesito sobres y papel para carta. | 封筒と便箋が要ります。<br>fuutou to binsen ga iri masu |
| (Yo) necesito bolígrafos y marcadores. | ボールペンとフェルトペンが要ります。<br>borupen to feruto pen ga iri masu |
| ¿Dónde están los muebles? | 家具売り場はどこですか？<br>kagu uriba ha doko desu ka |
| (Yo) necesito un armario y una cómoda. | タンスと整理ダンスが要ります。<br>tansu to seiri dansu ga iri masu |
| (Yo) necesito un escritorio y una estantería. | 机と棚が要ります。<br>tsukue to tana ga iri masu |

52 [cincuenta y dos]

En los grandes almacenes

52 [五十二]
52 [ go juu ni ]

デパートで
depato de

| | |
|---|---|
| ¿Dónde están los juguetes? | おもちゃ売り場はどこですか？<br>omocha uriba ha doko desu ka |
| (Yo) necesito una muñeca y un oso de peluche. | 人形とテディベアが要ります。<br>ningyou to tedibea ga iri masu |
| (Yo) necesito un balón de fútbol y un juego de ajedrez. | サッカーボールとチェスが要ります。<br>sakka boru to chesu ga iri masu |
| ¿Dónde están las herramientas? | 工具売り場はどこですか？<br>kougu uriba ha doko desu ka |
| (Yo) necesito un martillo y unas tenazas. | ハンマーとペンチが要ります。<br>hanma to penchi ga iri masu |
| (Yo) necesito un taladro y un destornillador. | ドリルとねじ回しが要ります。<br>doriru to neji mawashi ga iri masu |
| ¿En dónde está el departamento de joyas? | アクセサリー売り場はどこですか？<br>akusesari uriba ha doko desu ka |
| (Yo) necesito una cadena y una pulsera. | ネックレスとブレスレットが要ります。<br>nekkuresu to buresuretto ga iri masu |
| (Yo) necesito un anillo y unos pendientes / aretes (am.). | 指輪とイアリングが要ります。<br>yubiwa to iaringu ga iri masu |

53 [cincuenta y tres]

53 [五十三]
53 [ go juu san ]

## Tiendas

## 店
mise

| | |
|---|---|
| Estamos buscando una tienda de deportes. | スポーツ店を探しています。<br>supotsu ten o sagashi te i masu |
| Estamos buscando una carnicería. | 肉屋を探しています。<br>nikuya o sagashi te i masu |
| Estamos buscando una farmacia. | 薬局を探しています。<br>yakkyoku o sagashi te i masu |
| Es que querríamos comprar un balón de fútbol. | サッカーボールを買いたいです。<br>sakka boru o kai tai desu |
| Es que querríamos comprar salami. | サラミを買いたいです。<br>sarami o kai tai desu |
| Es que querríamos comprar medicamentos. | 薬を買いたいです。<br>kusuri o kai tai desu |
| Estamos buscando una tienda de deportes para comprar un balón de fútbol. | サッカーボールを買うのに、スポーツ店を探しています。<br>sakka boru o kau noni , supotsu ten o sagashi te i masu |
| Estamos buscando una carnicería para comprar salami. | サラミを買うのに、肉屋を探しています。<br>sarami o kau noni , nikuya o sagashi te i masu |
| Estamos buscando una farmacia para comprar medicamentos. | 薬を買うのに、薬局を探しています。<br>kusuri o kau noni , yakkyoku o sagashi te i masu |

53 [cincuenta y tres]

53 [五十三]
53 [ go juu san ]

# Tiendas

# 店
mise

| | |
|---|---|
| Estoy buscando una joyería. | 宝石店を探しています。<br>houseki ten o sagashi te i masu |
| Estoy buscando una tienda de fotografía. | 写真屋を探しています。<br>shashin ya o sagashi te i masu |
| Estoy buscando una pastelería. | ケーキ屋を探しています。<br>keki ya o sagashi te i masu |
| Es que quiero comprar un anillo. | 指輪を買うつもりなんです。<br>yubiwa o kau tsumori na n desu |
| Es que quiero comprar un carrete de fotos. | フィルムを買うつもりなんです。<br>firumu o kau tsumori na n desu |
| Es que quiero comprar una tarta. | ケーキを買うつもりなんです。<br>keki o kau tsumori na n desu |
| Estoy buscando una joyería para comprar un anillo. | 指輪を買うのに、宝石店を探しています。<br>yubiwa o kau noni , houseki ten o sagashi te i masu |
| Estoy buscando una tienda de fotografía para comprar un carrete de fotos. | フィルムを買うのに、写真屋を探しています。<br>firumu o kau noni , shashin ya o sagashi te i masu |
| Estoy buscando una pastelería para comprar una tarta. | ケーキを買うのに、ケーキ屋を探しています。<br>keki o kau noni , keki ya o sagashi te i masu |

54 [cincuenta y cuatro]

Ir de compras

54 [五十四]
54 [ go juu yon ]

買い物
kaimono

| | |
|---|---|
| Querría comprar un regalo. | プレゼントを買いたいのですが。<br>purezento o kai tai no desu ga |
| Pero nada demasiado caro. | 高すぎないものを。<br>taka sugi nai mono o |
| ¿Un bolso, tal vez? | ハンドバッグはいかがですか？<br>handobaggu ha ikaga desu ka |
| ¿De qué color lo quiere? | どんな色がいいですか？<br>donna iro ga ii desu ka |
| ¿Negro, marrón o blanco? | 黒、茶、白？<br>kuro , cha , shiro |
| ¿Grande o pequeño? | 大きいのですか、それとも小さいのですか？<br>ookii no desu ka , soretomo chiisai no desu ka |
| ¿Puedo ver éstos? | ちょっと見せていただけますか？<br>chotto mise te itadake masu ka |
| ¿Es de piel? | これは皮ですか？<br>kore ha kawa desu ka |
| ¿O de plástico? | それとも合皮ですか？<br>soretomo gou gawa desu ka |

54 [cincuenta y cuatro]

Ir de compras

54 [五十四]
54 [ go juu yon ]

買い物
kaimono

| | |
|---|---|
| De piel, naturalmente. | もちろん、皮です。<br>mochiron , kawa desu |
| Es de muy buena calidad. | これは特に良い品質のものです。<br>kore ha tokuni yoi hinshitsu no mono desu |
| Y el bolso está realmente muy bien de precio. | このハンドバッグは本当にお買い得です。<br>kono handobaggu ha hontouni okaidoku desu |
| Me gusta. | 気に入りました。<br>kiniiri mashi ta |
| Me lo quedo. | これ、いただきます。<br>kore , itadaki masu |
| ¿Lo puedo cambiar, dado el caso? | 交換は出来ますか？<br>koukan ha deki masu ka |
| Naturalmente. | もちろんです。<br>mochiron desu |
| Se lo envolvemos como regalo. | 贈り物としてお包みいたします。<br>okurimono toshite o tsutsumi itashi masu |
| La caja está ahí. | レジはあちらです。<br>reji ha achira desu |

55 [cincuenta y cinco]

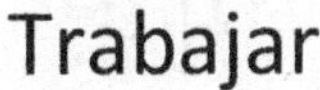

55 [五十五]
55 [ go juu go ]

## Trabajar

## 仕事
shigoto

| | |
|---|---|
| ¿Cuál es su profesión? | ご職業は？<br>go shokugyou ha |
| Mi esposo ejerce como doctor. | 夫は医者です。<br>otto ha isha desu |
| (Yo) trabajo media jornada como enfermera. | パートタイムの看護師として勤務しています。<br>patotaimu no kango shi toshite kinmu shi te i masu |
| Pronto recibiremos nuestra pensión. | もうすぐ年金生活です。<br>mousugu nenkin seikatsu desu |
| Pero los impuestos son altos. | でも税金が高いです。<br>demo zeikin ga takai desu |
| Y el seguro médico es caro. | 健康保険も高いです。<br>kenkou hoken mo takai desu |
| ¿Qué te gustaría ser? | あなたは、将来何になりたいですか？<br>anata ha , shourai nani ni nari tai desu ka |
| Me gustaría ser ingeniero. | エンジニアになりたい。<br>enjinia ni nari tai |
| (Yo) quiero estudiar en la universidad. | 大学で勉強するつもりです。<br>daigaku de benkyou suru tsumori desu |

55 [cincuenta y cinco]

55 [五十五]
55 [ go juu go ]

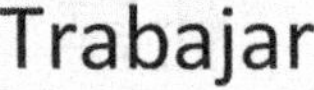

# Trabajar

# 仕事
shigoto

(Yo) soy un / una pasante.

研修生です。
kenshuusei desu

(Yo) no gano mucho dinero.

稼ぎはあまり多くありません。
kasegi ha amari ooku ari mase n

(Yo) estoy haciendo una pasantía / unas prácticas en el extranjero.

外国でインターンシップをします。
gaikoku de intanshippu o shi masu

Ése es mi jefe.

こちらが私の上司です。
kochira ga watashi no joushi desu

(Yo) tengo buenos compañeros de trabajo.

同僚は親切です。
douryou ha shinsetsu desu

Siempre vamos a la cantina al mediodía.

お昼はいつも社員食堂に行きます。
ohiru ha itsumo shain shokudou ni iki masu

Estoy buscando trabajo.

仕事を探しています。
shigoto o sagashi te i masu

Llevo un año ya sin trabajo.

もう一年も失業中です。
mou ichi nen mo shitsugyou chuu desu

Hay demasiados desempleados en este país.

この国は失業者が多すぎます。
kono kuni ha shitsugyou sha ga oo sugi masu

56 [cincuenta y seis]

56 [五十六]
56 [ go juu roku ]

# Sentimientos

# 感情
kanjou

tener ganas
やる気がある
yaruki ga aru

(Nosotros / nosotras) tenemos ganas.
私達はやる気があります。
watashi tachi ha yaruki ga ari masu

No tenemos ganas.
私達はやる気がありません。
watashi tachi ha yaruki ga ari mase n

tener miedo
不安である
fuan de aru

(Yo) tengo miedo.
不安です。
fuan desu

No tengo miedo.
怖くありません。
kowaku ari mase n

tener tiempo
時間がある
jikan ga aru

(Él) tiene tiempo.
彼は時間があります。
kare ha jikan ga ari masu

No tiene tiempo.
彼は時間がありません。
kare ha jikan ga ari mase n

56 [cincuenta y seis]

56 [五十六]
56 [ go juu roku ]

# Sentimientos

# 感情
kanjou

| | |
|---|---|
| aburrirse | 退屈する<br>taikutsu suru |
| (Ella) se aburre. | 彼女は退屈しています。<br>kanojo ha taikutsu shi te i masu |
| No se aburre. | 彼女は退屈していません。<br>kanojo ha taikutsu shi te i mase n |
| tener hambre | おなかがすく<br>onaka ga suku |
| ¿(Vosotros / vosotras) tenéis hambre? | おなかがすいていますか？<br>onaka ga sui te i masu ka |
| ¿No tenéis hambre? | おなかはすいてないのですか？<br>onaka ha sui te nai no desu ka |
| tener sed | のどが渇く<br>nodo ga kawaku |
| (Ellos / ellas) tienen sed. | 彼らはのどが渇いていますね。<br>karera ha nodo ga kawai te i masu ne |
| No tienen sed. | 彼らはのどが渇いていません。<br>karera ha nodo ga kawai te i mase n |

57 [cincuenta y siete]

En la consulta del doctor

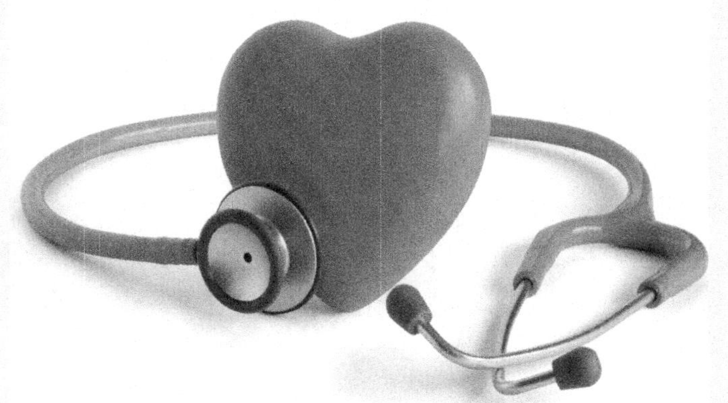

57 [五十七]
57 [ go juu nana ]

医者にて
isha nite

| | |
|---|---|
| (Yo) tengo una cita con el doctor. | 医者に予約を入れてあります。<br>isha ni yoyaku o ire te ari masu |
| (Yo) tengo la cita a las diez (de la mañana). | １０時に予約があります。<br>10 ji ni yoyaku ga ari masu |
| ¿Cómo es su nombre? | お名前は？<br>o namae ha |
| Por favor tome asiento en la sala de espera. | 待合室でお待ちください。<br>machiaishitsu de omachi kudasai |
| Ya viene el doctor. | 医者はすぐに参ります。<br>isha ha sugu ni mairi masu |
| ¿A qué compañía de seguros pertenece (usted)? | どこの健康保険に加入していますか？<br>doko no kenkou hoken ni kanyuu shi te i masu ka |
| ¿En qué lo / la puedo ayudar? | どうしましたか？<br>dou shi mashi ta ka |
| ¿Tiene algún dolor? | 痛みはありますか？<br>itami ha ari masu ka |
| ¿En dónde le duele? | どこが痛みますか？<br>doko ga itami masu ka |

57 [cincuenta y siete]

# En la consulta del doctor

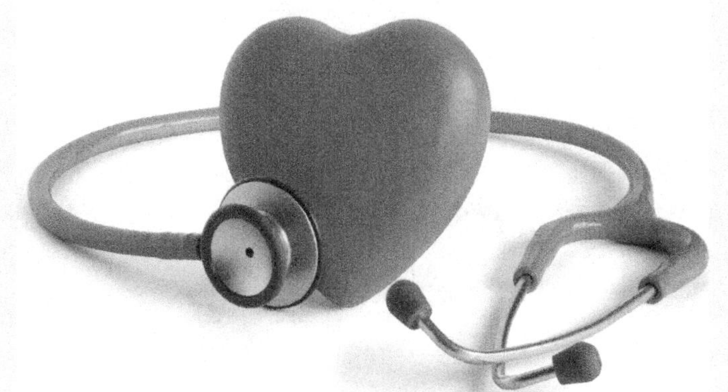

57 [五十七]
57 [ go juu nana ]

# 医者にて
isha nite

| | |
|---|---|
| Siempre tengo dolor de espalda. | 背中がいつも痛みます。<br>senaka ga itsumo itami masu |
| Tengo dolor de cabeza a menudo. | よく頭痛がします。<br>yoku zutsuu ga shi masu |
| A veces tengo dolor de estómago. | 時々腹痛があります。<br>tokidoki haraita ga ari masu |
| ¡Por favor desabroche la parte superior! | 上を脱いでください。<br>ue o nui de kudasai |
| ¡Por favor acuéstese en la camilla! | 検査ベットに横になってください。<br>kensa betto ni yoko ni nat te kudasai |
| La presión arterial está en orden. | 血圧は大丈夫です。<br>ketsuatsu ha daijoubu desu |
| Le voy a prescribir una inyección. | 注射を打ちましょう。<br>chuusha o uchi masho u |
| Le prescribiré unas pastillas / tabletas (am.). | 薬を出しましょう。<br>kusuri o dashi masho u |
| Le doy una receta médica para la farmacia. | 薬局へ出す処方箋を出しましょう。<br>yakkyoku he dasu shohousen o dashi masho u |

58 [cincuenta y ocho]

# Las Partes del Cuerpo Humano

58 [五十八]
58 [ go juu hachi ]

# 体の部分
karada no bubun

| | |
|---|---|
| Estoy dibujando un hombre. | 男性の絵を描きます。<br>dansei no e o egaki masu |
| Primero la cabeza. | まず頭。<br>mazu atama |
| El hombre tiene puesto un sombrero. | 男性は帽子をかぶっています。<br>dansei ha boushi o kabut te i masu |
| No se puede ver su cabello. | 髪の毛は見えません。<br>kaminoke ha mie mase n |
| No se pueden ver sus orejas tampoco. | 耳も見えません。<br>mimi mo mie mase n |
| No se puede ver su espalda tampoco. | 背中も見えません。<br>senaka mo mie mase n |
| Estoy dibujando los ojos y la boca. | 目と口を描きます。<br>mokuto guchi o egaki masu |
| El hombre está bailando y riendo. | 男性は踊りながら笑っています。<br>dansei ha odori nagara warat te i masu |
| El hombre tiene una nariz larga. | 男性の鼻は長いです。<br>dansei no hana ha nagai desu |

58 [cincuenta y ocho]

# Las Partes del Cuerpo Humano

58 [五十八]
58 [ go juu hachi ]

# 体の部分
karada no bubun

Él lleva un bastón en sus manos.
手に杖を持っています。
te ni tsue o mot te i masu

(Él) también lleva una bufanda alrededor de su cuello.
首にショールを巻いています。
kubi ni shoru o mai te i masu

Es invierno y hace frío.
冬なので寒いです。
fuyu na node samui desu

Los brazos son fuertes.
腕はたくましいです。
ude ha takumashii desu

Las piernas también son fuertes.
脚もたくましいです。
ashi mo takumashii desu

El hombre está hecho de nieve.
男性は雪で出来ています。
dansei ha yuki de deki te i masu

(Él) no lleva ni pantalones ni abrigo / saco (am.).
彼はズボンもコートも着ていません。
kare ha zubon mo koto mo ki te i mase n

Pero el hombre no se congela.
でも男性は震えていません。
demo dansei ha furue te i mase n

(Él) es un muñeco de nieve.
彼は雪だるまです。
kare ha yukidaruma desu

59 [cincuenta y nueve]

En la oficina de correos

59 [五十九]
59 [ go juu kyuu ]

郵便局で
yuubin kyoku de

| | |
|---|---|
| ¿Dónde está la oficina de correos más cercana? | 一番近い郵便局はどこですか？<br>ichiban chikai yuubin kyoku ha doko desu ka |
| ¿Está muy lejos la oficina de correos más cercana? | 次の郵便局までは遠いですか？<br>tsugi no yuubin kyoku made ha tooi desu ka |
| ¿Dónde esta el buzón más cercano? | 一番近いポストはどこですか？<br>ichiban chikai posuto ha doko desu ka |
| Necesito un par de sellos. | 切手を二枚ください。<br>kitte o ni mai kudasai |
| Para una postal y para una carta. | はがきと封書です。<br>hagaki to fuusho desu |
| Sí, ¿cuánto cuesta el franqueo para América? | アメリカまでの送料はいくらですか？<br>amerika made no souryou ha ikura desu ka |
| ¿Cuánto pesa el paquete? | 小包の重さは？<br>kodutsumi no omo sa ha |
| ¿Puedo mandarlo por correo aéreo? | それを航空便で送れますか？<br>sore o koukuu bin de okure masu ka |
| ¿Cuánto tarda en llegar? | 何日ぐらいで着きますか？<br>nan nichi gurai de tsuki masu ka |

59 [cincuenta y nueve]

En la oficina de correos

59 [五十九]
59 [ go juu kyuu ]

郵便局で
yuubin kyoku de

| | |
|---|---|
| ¿Dónde puedo hacer una llamada? | どこか電話できるところはありますか？<br>doko ka denwa dekiru tokoro ha ari masu ka |
| ¿Dónde está la cabina de teléfono más próxima? | 一番近い電話ボックスはどこですか？<br>ichiban chikai denwa bokkusu ha doko desu ka |
| ¿Tiene (usted) tarjetas de teléfono? | テレフォンカードはありますか？<br>terefon kado ha ari masu ka |
| ¿Tiene (usted) una guía de teléfonos? | 電話帳はありますか？<br>denwa chou ha ari masu ka |
| ¿Sabe (usted) cuál es el código para llamar a Austria? | オーストリアの国番号がわかりますか？<br>osutoria no kuni bangou ga wakari masu ka |
| Un momento, voy a mirar. | お待ちください。調べてみます。<br>omachi kudasai shirabe te mi masu |
| La línea está siempre ocupada. | ずっと話中です。<br>zutto hanashi chuu desu |
| ¿Qué número ha marcado? | どの番号にお掛けになりましたか？<br>dono bangou ni o kake ni nari mashi ta ka |
| ¡Primero hay que marcar un cero! | まず初めにゼロをかけなければいけません。<br>mazu hajime ni zero o kake nakere ba ike mase n |

60 [sesenta]

60 [六十]
60 [ roku juu ]

# En el banco

# 銀行で
ginkou de

| | |
|---|---|
| Querría abrir una cuenta. | 口座を開きたいのですが。<br>kouza o hiraki tai no desu ga |
| Aquí tiene mi pasaporte. | パスポートはこれです。<br>pasupoto ha kore desu |
| Y ésta es mi dirección. | これが私の住所です。<br>kore ga watashi no juusho desu |
| Querría ingresar dinero en mi cuenta. | 口座に現金を入金したいのですが。<br>kouza ni genkin o nyuukin shi tai no desu ga |
| Querría sacar dinero de mi cuenta. | 口座から現金を下ろしたいのですが。<br>kouza kara genkin o oroshi tai no desu ga |
| Querría un extracto de mi cuenta. | 口座明細書をお願いします。<br>kouza meisai sho o onegai shi masu |
| Querría hacer efectivo un cheque de viaje. | トラベラーズチェックを換金したいのですが。<br>toraberazuchekku o kankin shi tai no desu ga |
| ¿De cuánto es la comisión? | 手数料はいくらですか？<br>tesuuryou ha ikura desu ka |
| ¿Dónde tengo que firmar? | どこにサインすればいいですか？<br>doko ni sain sure ba ii desu ka |

60 [sesenta]

60 [六十]
60 [ roku juu ]

# En el banco

# 銀行で
ginkou de

Estoy esperando una transferencia proveniente de Alemania.
ドイツからの送金を待っています。
doitsu kara no soukin o mat te i masu

Éste es mi número de cuenta.
これが私の口座番号です。
kore ga watashi no kouza bangou desu

¿Ha llegado el dinero?
入金はありましたか？
nyuukin ha ari mashi ta ka

Quisiera cambiar este dinero.
これを両替したいのですが。
kore o ryougae shi tai no desu ga

Necesito dólares.
米ドルが要ります。
amerikadoru ga iri masu

Déme billetes pequeños, por favor.
小額紙幣でお願いします。
shougaku shihei de onegai shi masu

¿Hay algún cajero automático por aquí?
ＡＴＭはここにありますか？
ATM ha koko ni ari masu ka

¿Cuánto dinero se puede sacar?
引き出し限度額はいくらですか？
hikidashi gendo gaku ha ikura desu ka

¿Qué tarjetas de crédito se pueden utilizar?
どのクレジットカードが使えますか？
dono kurejittokado ga tsukae masu ka

61 [sesenta y uno]

61 [六十一]
61 [ roku juu ichi ]

## Números ordinales

## 序数
jo suu

El primer mes es enero.
一番目の月は一月です。
ichi banme no tsuki ha ichigatsu desu

El segundo mes es febrero.
二番目の月は二月です。
ni banme no tsuki ha nigatsu desu

El tercer mes es marzo.
三番目の月は三月です。
san banme no tsuki ha sangatsu desu

El cuarto mes es abril.
四番目の月は四月です。
yon banme no tsuki ha shigatsu desu

El quinto mes es mayo.
五番目の月は五月です。
go banme no tsuki ha gogatsu desu

El sexto mes es junio.
六番目の月は六月です。
roku banme no tsuki ha rokugatsu desu

Seis meses son medio año.
六ヶ月で半年です。
roku kagetsu de hantoshi desu

Enero, febrero, marzo,
一月、二月、三月、
ichigatsu , nigatsu , sangatsu ,

abril, mayo y junio.
四月、五月、六月。
shigatsu , gogatsu , rokugatsu

61 [sesenta y uno]

61 [六十一]
61 [ roku juu ichi ]

# Números ordinales

# 序数
jo suu

El séptimo mes es julio.

七番目の月は七月です。
nana banme no tsuki ha shichigatsu desu

El octavo mes es agosto.

八番目の月は八月です。
hachi banme no tsuki ha hachigatsu desu

El noveno mes es septiembre.

九番目の月は九月です。
kyuu banme no tsuki ha kugatsu desu

El décimo mes es octubre.

十番目の月は十月です。
juu banme no tsuki ha juugatsu desu

El undécimo mes es noviembre.

十一番目の月は十一月です。
juu ichi banme no tsuki ha juuichigatsu desu

El duodécimo mes es diciembre.

十二番目の月は十二月です。
juu ni banme no tsuki ha juunigatsu desu

Doce meses son un año.

十二ヶ月で一年です。
juu ni kagetsu de ichi nen desu

Julio, agosto, septiembre,

七月、八月、九月、
shichigatsu , hachigatsu , kugatsu ,

octubre, noviembre y diciembre.

十月、十一月、十二月。
juugatsu , juuichigatsu , juunigatsu

62 [sesenta y dos]

# Haciendo preguntas 1

62 [六十二]
62 [ roku juu ni ]

# 質問する 1
shitsumon suru 1

aprender — 学ぶ
manabu

¿Aprenden mucho los alumnos? — 生徒はよく勉強しますか？
seito ha yoku benkyou shi masu ka

No, aprenden poco. — いいえ、あまり勉強しません。
iie , amari benkyou shi mase n

preguntar — 質問
shitsumon

¿Hace (usted) preguntas a menudo al profesor? — 先生によく質問しますか？
sensei ni yoku shitsumon shi masu ka

No, no le pregunto a menudo. — いいえ、あまりしません。
iie , amari shi mase n

responder — 答え
kotae

Responda (usted), por favor. — 答えなさい。
kotae nasai

Respondo. — 答えます。
kotae masu

62 [sesenta y dos]

# Haciendo preguntas 1

62 [六十二]
62 [ roku juu ni ]

# 質問する　1
shitsumon suru 1

| | |
|---|---|
| trabajar | 働く<br>hataraku |
| ¿Está trabajando él ahora? | 彼は今仕事中ですか？<br>kare ha kon shigoto chuu desu ka |
| Sí, ahora está trabajando. | ええ、ちょうど働いています。<br>ee , choudo hatarai te i masu |
| venir | 来る<br>kuru |
| ¿Vienen (ustedes)? | あなたたちは来ますか？<br>anata tachi ha ki masu ka |
| Sí, ya estamos llegando. | ええ、すぐ行きます。<br>ee , sugu iki masu |
| vivir | 住む<br>sumu |
| ¿Vive (usted) en Berlín? | ベルリンにお住まいですか？<br>berurin ni o sumai desu ka |
| Sí, vivo en Berlín. | ええ、ベルリンに住んでいます。<br>ee , berurin ni sun de i masu |

63 [sesenta y tres]

63 [六十三]
63 [ roku juu san ]

# Haciendo preguntas 2

# 質問する　2

shitsumon suru 2

| | |
|---|---|
| (Yo) tengo un pasatiempo / hobby. | 趣味があります。<br>shumi ga ari masu |
| (Yo) juego al tenis. | テニスをします。<br>tenisu o shi masu |
| ¿Dónde hay una cancha de tenis? | テニス場はどこですか？<br>tenisu jou ha doko desu ka |
| ¿Tienes un pasatiempo / hobby? | あなたは何か趣味がありますか？<br>anata ha nani ka shumi ga ari masu ka |
| (Yo) juego al fútbol. | サッカーをします。<br>sakka o shi masu |
| ¿Dónde hay un campo de fútbol? | サッカー場はどこですか？<br>sakka jou ha doko desu ka |
| Me duele el brazo. | 腕が痛いです。<br>ude ga itai desu |
| El pie y la mano me duelen también. | 足と手も痛いです。<br>ashi to te mo itai desu |
| ¿Dónde hay un doctor? | 医者はどこですか？<br>isha ha doko desu ka |

63 [sesenta y tres]

# Haciendo preguntas 2

63 [六十三]
63 [ roku juu san ]

# 質問する　2

shitsumon suru 2

| | |
|---|---|
| (Yo) tengo un coche / carro (am.). | 車があります。<br>kuruma ga ari masu |
| (Yo) también tengo una motocicleta. | バイクもあります。<br>baiku mo ari masu |
| ¿Dónde está el aparcamiento? | 駐車場はどこですか？<br>chuusha jou ha doko desu ka |
| (Yo) tengo un suéter. | セーターがあります。<br>seta ga ari masu |
| (Yo) también tengo una chaqueta y unos pantalones vaqueros / blue jean (am.). | 上着とジーンズもあります。<br>uwagi to jinzu mo ari masu |
| ¿Dónde está la lavadora? | 洗濯機はどこですか？<br>sentaku ki ha doko desu ka |
| (Yo) tengo un plato. | お皿があります。<br>o sara ga ari masu |
| (Yo) tengo un cuchillo, un tenedor, y una cuchara. | ナイフ、フォーク、スプーンがあります。<br>naifu , foku , supun ga ari masu |
| ¿Dónde están la sal y la pimienta? | 塩と胡椒はどこですか？<br>shio to koshou ha doko desu ka |

64 [sesenta y cuatro]

64 [六十四]
64 [ roku juu yon ]

# Negación 1

# 否定形 1
ina teikei 1

No entiendo la palabra.
その単語がわかりません。
sono tango ga wakari mase n

No entiendo la frase.
その文章がわかりません。
sono bunshou ga wakari mase n

(Yo) no entiendo el significado.
その意味がわかりません。
sono imi ga wakari mase n

el profesor
男性教師
dansei kyoushi

¿Entiende (usted) al profesor?
先生の言っていることがわかりますか？
sensei no it te iru koto ga wakari masu ka

Sí, lo entiendo bien.
ええ、よくわかります。
ee , yoku wakari masu

la profesora
女性教師
josei kyoushi

¿Entiende (usted) a la profesora?
先生の言っていることがわかりますか？
sensei no it te iru koto ga wakari masu ka

Sí, la entiendo bien.
ええ、よくわかります。
ee , yoku wakari masu

64 [sesenta y cuatro]

64 [六十四]
64 [ roku juu yon ]

## Negación 1

## 否定形　1

ina teikei 1

| | |
|---|---|
| la gente | 人々<br>hitobito |
| ¿Entiende (usted) a la gente? | 人々の言うことがわかりますか？<br>hitobito no iu koto ga wakari masu ka |
| No, no la entiendo muy bien. | いいえ、あまり良くわかりません。<br>iie , amari yoku wakari mase n |
| la novia | ガールフレンド<br>garufurendo |
| ¿Tiene (usted) novia? | ガールフレンドはいますか？<br>garufurendo ha i masu ka |
| Sí, tengo novia. | ええ、います。<br>ee , i masu |
| la hija | 娘<br>musume |
| ¿Tiene (usted) una hija? | あなたに娘さんはいますか？<br>anata ni musume san ha i masu ka |
| No, no tengo. | いいえ、いません。<br>iie , i mase n |

65 [sesenta y cinco]

65 [六十五]
65 [ roku juu go ]

yes
no
maybe

# Negación 2

# 否定形　2
ina teikei 2

| | |
|---|---|
| ¿Es caro el anillo? | その指輪は高いですか？<br>sono yubiwa ha takai desu ka |
| No, sólo cuesta cien euros. | いいえ、たったの１００ユーロですよ。<br>iie , tatta no 100 yuro desu yo |
| Pero yo sólo tengo cincuenta. | でも５０しか持っていないんです。<br>demo 50 shika mot te i nai n desu |
| ¿Has terminado ya? | もう終わりましたか？<br>mou owari mashi ta ka |
| No, aún no. | いいえ、まだです。<br>iie , mada desu |
| Pero termino enseguida. | でももうじきに終わります。<br>demo mou jiki ni owari masu |
| ¿Quieres más sopa? | スープをもっといかがですか？<br>supu o motto ikaga desu ka |
| No, no quiero más. | いいえ、もう結構です。<br>iie , mou kekkou desu |
| Pero un helado sí. | でもアイスをお願いします。<br>demo aisu o onegai shi masu |

65 [sesenta y cinco]

65 [六十五]
65 [ roku juu go ]

yes
no
maybe

# Negación 2

# 否定形 2

ina teikei 2

¿Hace mucho tiempo que vives aquí?
もうここに住んで長いのですか？
mou koko ni sun de nagai no desu ka

No, sólo un mes.
いいえ、まだ一ヶ月目です。
iie , mada ichi kagetsu me desu

Pero ya conozco a mucha gente.
でも既にいろんな人たちと知り合いになりました。
demo sudeni ironna hito tachi to shiriai ni nari mashi ta

¿Te vas a casa mañana?
明日、家へ運転して帰りますか？
ashita , ie he unten shi te kaeri masu ka

No, me voy el fin de semana.
いいえ、週末です。
iie , shuumatsu desu

Pero el domingo ya vuelvo.
でも、日曜にはもう戻ってきます。
demo , nichiyou ni ha mou modot te ki masu

¿Tu hija ya es mayor de edad?
あなたの娘はもう大人ですか？
anata no musume ha mou otona desu ka

No, sólo tiene diecisiete años.
いいえ、まだ１７です。
iie , mada 17 desu

Pero ya tiene novio.
でもすでにボーイフレンドがいます。
demo sudeni boifurendo ga i masu

66 [sesenta y seis]

66 [六十六]
66 [ roku juu roku ]

# Pronombres posesivos 1

# 所有代名詞　1
shoyuu daimeishi 1

| | |
|---|---|
| yo – mi | 私ー私の<br>watashi watashi no |
| Yo no encuentro mi llave. | 私の鍵が見つかりません。<br>watashi no kagi ga mitsukari mase n |
| Yo no encuentro mi billete. | 私の乗車券が見つかりません。<br>watashi no jousha ken ga mitsukari mase n |
| tú – tu | あなたーあなたの<br>anata anata no |
| ¿Has encontrado tu llave? | あなたの鍵は見つかりましたか？<br>anata no kagi ha mitsukari mashi ta ka |
| ¿Has encontrado tu billete? | あなたの乗車券は見つかりましたか？<br>anata no jousha ken ha mitsukari mashi ta ka |
| él – su | 彼ー彼の<br>kare kare no |
| ¿Sabes dónde está su llave? | 彼の鍵がどこだか知っていますか？<br>kare no kagi ga doko da ka shit te i masu ka |
| ¿Sabes dónde está su billete? | 彼の乗車券がどこだか知っていますか？<br>kare no jousha ken ga doko da ka shit te i masu ka |

66 [sesenta y seis]

Pronombres posesivos 1

66 [六十六]
66 [ roku juu roku ]

所有代名詞　1
shoyuu daimeishi 1

| | |
|---|---|
| ella – su | 彼女—彼女の<br>kanojo kanojo no |
| Su dinero ha desaparecido. | 彼女のお金がなくなってしまいました。<br>kanojo no okane ga nakunat te shimai mashi ta |
| Y su tarjeta de crédito también. | 彼女のクレジットカードもなくなりました。<br>kanojo no kurejittokado mo nakunari mashi ta |
| nosotros /-as – nuestro(s) /-a(s) | 私達ー私達の<br>watashi tachi watashi tachi no |
| Nuestro abuelo está enfermo. | 私達の祖父は病気です。<br>watashi tachi no sofu ha byouki desu |
| Nuestra abuela está bien. | 私達の祖母は健康です。<br>watashi tachi no sobo ha kenkou desu |
| vosotros /-as – vuestro(s) /-a(s) | あなた達—あなた達の<br>anata tachi anata tachi no |
| Niños, ¿dónde está vuestro papá? | 子供たち、あなた達のお父さんはどこ？<br>kodomo tachi , anata tachi no otousan ha doko |
| Niños, ¿dónde está vuestra mamá? | 子供たち、あなた達のお母さんはどこ？<br>kodomo tachi , anata tachi no okaasan ha doko |

67 [sesenta y siete]

Pronombres posesivos 2

67 [六十七]
67 [ roku juu nana ]

所有代名詞　2
shoyuu daimeishi 2

| | |
|---|---|
| las gafas | 眼鏡<br>megane |
| (Él) ha olvidado sus gafas. | 彼は彼の眼鏡を忘れました。<br>kare ha kare no megane o wasure mashi ta |
| ¿Dónde están sus gafas? | 彼の眼鏡はどこにあるのですか？<br>kare no megane ha doko ni aru no desu ka |
| el reloj | 時計<br>tokei |
| Su reloj está estropeado. | 彼の時計は壊れています。<br>kare no tokei ha koware te i masu |
| El reloj está colgado en la pared. | 時計が壁にかかっています。<br>tokei ga kabe ni kakat te i masu |
| el pasaporte | パスポート<br>pasupoto |
| Ha perdido su pasaporte. | 彼は彼のパスポートを無くしました。<br>kare ha kare no pasupoto o nakushi mashi ta |
| ¿Dónde está su pasaporte? | ではどこに彼のパスポートはあるのでしょう？<br>deha doko ni kare no pasupoto ha aru no desho u |

67 [sesenta y siete]

67 [六十七]
67 [ roku juu nana ]

# Pronombres posesivos 2

# 所有代名詞　2

shoyuu daimeishi 2

ellos /-as – su
彼ら—彼らの
karera karera no

Los niños no encuentran a sus padres.
子供達は自分の両親を見つけられません。
kodomo tachi ha jibun no ryoushin o mitsuke rare mase n

¡Pero ahí vienen sus padres!
でも、彼らの両親が来ましたよ！
demo , karera no ryoushin ga ki mashi ta yo !

usted – su
あなたーあなたの
anata anata no

¿Cómo fue su viaje, señor Molinero?
ミィラーさん、旅行はいかがでしたか？
mira san , ryokou ha ikaga deshi ta ka

¿Dónde está su mujer, señor Molinero?
ミィラーさん、奥様はどこですか？
mira san , okusama ha doko desu ka

usted – su
あなたーあなたの
anata anata no

¿Cómo ha sido su viaje, señora Herrero?
スミスさん、旅行はいかがでしたか？
sumisu san , ryokou ha ikaga deshi ta ka

¿Dónde está su marido, señora Herrero?
スミスさん、ご主人はどこですか？
sumisu san , go shujin ha doko desu ka

68 [sesenta y ocho]

68 [六十八]
68 [ roku juu hachi ]

grande – pequeño

小さい–大きい
chiisai ookii

| | |
|---|---|
| grande y pequeño | 大と小<br>dai to shou |
| El elefante es grande. | 象は大きい。<br>zou ha ookii |
| El ratón es pequeño. | ねずみは小さい。<br>nezumi ha chiisai |
| oscuro y claro | 明るいと暗い<br>akarui to kurai |
| La noche es oscura. | 夜は暗い。<br>yoru ha kurai |
| El día es claro. | 昼は明るい。<br>hiru ha akarui |
| viejo y joven | 年を取ったと若い<br>toshi o tot ta to wakai |
| Nuestro abuelo es muy viejo / mayor. | 私達の祖父はとても高齢です。<br>watashi tachi no sofu ha totemo kourei desu |
| Hace 70 años aún era joven. | ７０年前は彼はまだ若かったです。<br>70 nen mae ha kare ha mada wakakat ta desu |

68 [sesenta y ocho]

grande – pequeño

68 [六十八]
68 [ roku juu hachi ]

小さい–大きい
chiisai ookii

| | |
|---|---|
| bonito y feo | 美しいと醜い<br>utsukushii to minikui |
| La mariposa es bonita. | 蝶は美しい。<br>chou ha utsukushii |
| La araña es fea. | 蜘蛛は醜い。<br>kumo ha minikui |
| gordo y delgado | 肥満と細身<br>himan to hosomi |
| Una mujer de 100 Kg. es gorda. | 女性で１００キロは肥満です。<br>josei de 100 kiro ha himan desu |
| Un hombre de 50 Kg. es delgado. | 男性で５０キロは細身です。<br>dansei de 50 kiro ha hosomi desu |
| caro y barato | 高いと安い<br>takai to yasui |
| El coche es caro. | 自動車は高い。<br>jidousha ha takai |
| El periódico es barato. | 新聞は安い。<br>shinbun ha yasui |

69 [sesenta y nueve]

necesitar – querer

69 [六十九]
69 [ roku juu kyuu ]

必要とする—欲する
hitsuyou to suru hossuru

(Yo) necesito una cama. | ベッドが要ります。
beddo ga iri masu

(Yo) quiero dormir. | 眠りたいです。
nemuri tai desu

¿Hay una cama aquí? | ここにはベッドはありますか？
koko ni ha beddo ha ari masu ka

(Yo) necesito una lámpara. | 電灯が要ります。
dentou ga iri masu

(Yo) quiero leer. | 読みたいです。
yomi tai desu

¿Hay una lámpara aquí? | ここには電灯はありますか？
koko ni ha dentou ha ari masu ka

(Yo) necesito un teléfono. | 電話が要ります。
denwa ga iri masu

(Yo) quiero hacer una llamada telefónica. | 電話をしたいです。
denwa o shi tai desu

¿Hay un teléfono aquí? | ここには電話はありますか？
koko ni ha denwa ha ari masu ka

69 [sesenta y nueve]

necesitar – querer

69 [六十九]
69 [ roku juu kyuu ]

必要とする一欲する
hitsuyou to suru hossuru

| | |
|---|---|
| (Yo) necesito una cámara. | カメラが要ります。<br>kamera ga iri masu |
| (Yo) quiero fotografiar / tomar fotografías. | 写真をとりたいです。<br>shashin o tori tai desu |
| ¿Hay una cámara aquí? | ここにはカメラはありますか？<br>koko ni ha kamera ha ari masu ka |
| (Yo) necesito un ordenador / una computadora (am.). | コンピューターが要ります。<br>konpyuta ga iri masu |
| (Yo) quiero mandar un correo electrónico. | Ｅメールを送りたいです。<br>E meru o okuri tai desu |
| ¿Hay un ordenador / una computadora (am.) aquí? | ここにはコンピューターはありますか？<br>koko ni ha konpyuta ha ari masu ka |
| (Yo) necesito un bolígrafo. | ボールペンが要ります。<br>borupen ga iri masu |
| (Yo) quiero escribir algo. | 書きたいことがあります。<br>kaki tai koto ga ari masu |
| ¿Hay una hoja de papel y un bolígrafo aquí? | ここには紙とボールペンはありますか？<br>koko ni ha kami to borupen ha ari masu ka |

70 [setenta]

70 [七十]
70 [ nana juu ]

querer algo

何かを望む
nani ka o nozomu

¿Querría (usted) fumar? | タバコを吸いたいですか？ tabako o sui tai desu ka

¿Querría (usted) bailar? | 踊りたいですか？ odori tai desu ka

¿Querría (usted) pasear? | 散歩に行きたいですか？ sanpo ni iki tai desu ka

(Yo) querría fumar. | タバコが吸いたい〔です〕。 tabako ga sui tai desu

¿Querrías un cigarrillo? | タバコ、要りますか？ tabako , iri masu ka

(Él) querría un encendedor. | 彼はライターが必要です。 kare ha raita ga hitsuyou desu

(Yo) querría beber algo. | 何か飲みたいのですが。 nani ka nomi tai no desu ga

Querría comer algo. | 何か食べたいのですが。 nani ka tabe tai no desu ga

Querría descansar un poco. | 少し休憩したいのですが。 sukoshi kyuukei shi tai no desu ga

70 [setenta]

70 [七十]
70 [ nana juu ]

## querer algo

## 何かを望む

nani ka o nozomu

| | |
|---|---|
| Querría preguntarle algo. | あなたにちょっとお聞きしたいのですが。<br>anata ni chotto o kiki shi tai no desu ga |
| Querría pedirle algo. | あなたにちょっとお願いがあるのですが。<br>anata ni chotto onegai ga aru no desu ga |
| Querría invitarle / -la a algo. | あなたをちょっとご招待したいのですが。<br>anata o chotto go shoutai shi tai no desu ga |
| ¿Qué querría / desea? | 何が欲しいですか？<br>nani ga hoshii desu ka |
| ¿Querría (usted) un café? | コーヒーはいかがですか？<br>kohi ha ikaga desu ka |
| ¿O prefiere un té? | それともお茶のほうがいいですか？<br>soretomo ocha no hou ga ii desu ka |
| Querríamos irnos a casa. | 私達は運転して家へ帰りたいです。<br>watashi tachi ha unten shi te ie he kaeri tai desu |
| ¿Querríais un taxi? | タクシーは要りますか？<br>takushi ha iri masu ka |
| (Ellos / ellas) querrían llamar por teléfono. | 彼らは電話をしたいのですね。<br>karera ha denwa o shi tai no desu ne |

71 [setenta y uno]

71 [七十一]
71 [ nana juu ichi ]

## querer algo

## 何かを欲する
nani ka o hossuru

| | |
|---|---|
| ¿Qué queréis? | 何がしたいのですか？<br>nani ga shi tai no desu ka |
| ¿Queréis jugar al fútbol? | サッカーがしたいのですか？<br>sakka ga shi tai no desu ka |
| ¿Queréis visitar a unos amigos? | 友達を訪ねたいのですか？<br>tomodachi o tazune tai no desu ka |
| querer | 要望<br>youbou |
| (Yo) no quiero venir tarde. | 遅刻したくないです。<br>chikoku shi taku nai desu |
| No quiero ir. | そこへは行きたくないです。<br>soko he ha iki taku nai desu |
| Quiero irme a casa. | 家へ帰りたいです。<br>ie he kaeri tai desu |
| Quiero quedarme en casa. | 家にいたいです。<br>ie ni i tai desu |
| Quiero estar solo /-a. | 一人でいたいです。<br>ichi nin de i tai desu |

71 [setenta y uno]

71 [七十一]
71 [ nana juu ichi ]

querer algo

何かを欲する
nani ka o hossuru

¿Quieres quedarte aquí?
あなたはここにいるつもりですか？
anata ha koko ni iru tsumori desu ka

¿Quieres comer aquí?
あなたはここで食べるつもりですか？
anata ha koko de taberu tsumori desu ka

¿Quieres dormir aquí?
あなたはここで寝るつもりですか？
anata ha koko de neru tsumori desu ka

¿Quiere irse (usted) mañana?
明日、出発なさいますか？
ashita , shuppatsu nasai masu ka

¿Quiere quedarse (usted) hasta mañana?
滞在は明日までですか？
taizai ha ashita made desu ka

¿Quiere pagar (usted) la cuenta mañana?
お会計は明日、お支払いにしますか？
o kaikei ha ashita , o shiharai ni shi masu ka

¿Queréis ir a la discoteca?
ディスコに行きたいですか？
disuko ni iki tai desu ka

¿Queréis ir al cine?
映画館に行きたいですか？
eiga kan ni iki tai desu ka

¿Queréis ir a un café?
カフェに行きたいですか？
kafe ni iki tai desu ka

72 [setenta y dos]

deber hacer algo

72 [七十二]
72 [ nana juu ni ]

何かをしなければならない
nani ka o shi nakere ba nara nai

| | |
|---|---|
| deber | 必然／必要<br>hitsuzen / hitsuyou |
| (Yo) debo enviar la carta. | 手紙を発送しなければならない。<br>tegami o hassou shi nakere ba nara nai |
| Debo pagar el hotel. | ホテルの支払いをしなければならない。<br>hoteru no shiharai o shi nakere ba nara nai |
| Debes levantarte pronto. | あなたは早起きしなければならない。<br>anata ha hayaoki shi nakere ba nara nai |
| Debes trabajar mucho. | あなたはたくさん働かなければならない。<br>anata ha takusan hataraka nakere ba nara nai |
| Debes ser puntual. | あなたは時間を守らなければならない。<br>anata ha jikan o mamora nakere ba nara nai |
| (Él) debe repostar. | 彼はガソリンを入れなければならない。<br>kare ha gasorin o ire nakere ba nara nai |
| Debe reparar el coche. | 彼は車を修理しなければならない。<br>kare ha kuruma o shuuri shi nakere ba nara nai |
| Debe lavar el coche. | 彼は洗車をしなければならない。<br>kare ha sensha o shi nakere ba nara nai |

72 [setenta y dos]

deber hacer algo

72 [七十二]
72 [ nana juu ni ]

何かをしなければならない
nani ka o shi nakere ba nara nai

| | |
|---|---|
| (Ella) debe ir de compras. | 彼女は買い物に行かなければならない。<br>kanojo ha kaimono ni ika nakere ba nara nai |
| Debe limpiar el piso. | 彼女はアパートを掃除しなければならない。<br>kanojo ha apato o souji shi nakere ba nara nai |
| Debe lavar la ropa. | 彼女は洗濯物を洗濯しなければならない。<br>kanojo ha sentaku butsu o sentaku shi nakere ba nara nai |
| (Nosotros /-as) debemos ir a la escuela enseguida. | 私達はもう学校に行かなければならない。<br>watashi tachi ha mou gakkou ni ika nakere ba nara nai |
| Debemos ir al trabajo enseguida. | 私達はもう仕事に行かなければならない。<br>watashi tachi ha mou shigoto ni ika nakere ba nara nai |
| Debemos ir al médico enseguida. | 私達はもう医者に行かなければならない。<br>watashi tachi ha mou isha ni ika nakere ba nara nai |
| (Vosotros /-as) debéis esperar por el autobús. | あなた達はバスを待たなければいけない。<br>anata tachi ha basu o mata nakere ba ike nai |
| Debéis esperar por el tren. | あなた達は列車を待たなければいけない。<br>anata tachi ha ressha o mata nakere ba ike nai |
| Debéis esperar por el taxi. | あなた達はタクシーを待たなければいけない。<br>anata tachi ha takushi o mata nakere ba ike nai |

73 [setenta y tres]

poder hacer algo

73 [七十三]
73 [ nana juu san ]

何かをしても良い
nani ka o shi te mo yoi

¿Ya puedes conducir?
あなたはもう、運転してもいいのですか？
anata ha mou , unten shi te mo ii no desu ka

¿Ya puedes beber alcohol?
あなたはもう、お酒を飲んでもいいのですか？
anata ha mou , o sake o non de mo ii no desu ka

¿Ya puedes viajar solo /-a al extranjero?
あなたはもう、一人で外国に行ってもいいのですか？
anata ha mou , ichi nin de gaikoku ni it te mo ii no desu ka

poder
許可
kyoka

¿Podemos fumar aquí?
ここでタバコを吸ってもかまいませんか？
koko de tabako o sut te mo kamai mase n ka

¿Se puede fumar aquí?
ここではタバコを吸ってもいいのですか？
koko de ha tabako o sut te mo ii no desu ka

¿Se puede pagar con tarjeta de crédito?
クレジットカードで払っても良いですか？
kurejittokado de harat te mo yoi desu ka

¿Se puede pagar con cheque?
小切手で払っても良いですか？
kogitte de harat te mo yoi desu ka

¿Sólo se puede pagar en efectivo?
現金払いのみですか？
genkin harai nomi desu ka

73 [setenta y tres]

poder hacer algo

73 [七十三]
73 [ nana juu san ]

何かをしても良い
nani ka o shi te mo yoi

¿Puedo tal vez hacer una llamada? | ちょっと電話してもいいですか？
chotto denwa shi te mo ii desu ka

¿Puedo tal vez preguntar algo? | ちょっとお聞きしてもいいですか？
chotto o kiki shi te mo ii desu ka

¿Puedo tal vez decir algo? | ちょっと言いたいことがあるのですが。
chotto ii tai koto ga aru no desu ga

Él no puede dormir en el parque. | 彼は公園で寝てはいけません。
kare ha kouen de ne te ha ike mase n

Él no puede dormir en el coche. | 彼は車の中で寝てはいけません。
kare ha kuruma no naka de ne te ha ike mase n

Él no puede dormir en la estación. | 彼は駅で寝てはいけません。
kare ha eki de ne te ha ike mase n

¿Podemos sentarnos? | 座ってもいいですか？
suwat te mo ii desu ka

¿Podemos ver la carta? | ﾒﾆｭｰを見せていただけますか？
menyu o mise te itadake masu ka

¿Podemos pagar por separado? | 支払いは別々でもいいですか？
shiharai ha betsubetsu demo ii desu ka

74 [setenta y cuatro]

pedir algo

74 [七十四]
74 [ nana juu yon ]

何かをお願いする
nani ka o onegai suru

¿Puede (usted) cortarme el pelo? | 髪のカットをお願いします。
kami no katto o onegai shi masu

No demasiado corto, por favor. | 短すぎないよう、お願いします。
mijika sugi nai you , onegai shi masu

Un poco más corto, por favor. | 少し、短めにお願いします。
sukoshi , mijikame ni onegai shi masu

¿Puede (usted) revelar las fotos? | 写真を現像してもらえますか？
shashin o genzou shi te morae masu ka

Las fotos están en el CD / disco compacto. | 写真はＣＤに入っています。
shashin ha CD ni hait te i masu

Las fotos están en la cámara. | 写真はカメラに入っています。
shashin ha kamera ni hait te i masu

¿Puede (usted) reparar el reloj? | 時計を修理してもらえますか？
tokei o shuuri shi te morae masu ka

La lente está rota. | ガラスが壊れました。
garasu ga koware mashi ta

La pila está descargada. | 電池が切れました。
denchi ga kire mashi ta

74 [setenta y cuatro]

pedir algo

74 [七十四]
74 [ nana juu yon ]

何かをお願いする
nani ka o onegai suru

| | |
|---|---|
| ¿Puede (usted) planchar la camisa? | シャツにアイロンをかけてもらえますか？<br>shatsu ni airon o kake te morae masu ka |
| ¿Puede (usted) limpiar los pantalones? | ズボンを洗濯してもらえますか？<br>zubon o sentaku shi te morae masu ka |
| ¿Puede (usted) reparar los zapatos? | 靴を修理してもらえますか？<br>kutsu o shuuri shi te morae masu ka |
| ¿Puede (usted) darme fuego? | 火を貸してもらえますか？<br>hi o kashi te morae masu ka |
| ¿Tiene (usted) cerillas o un encendedor? | マッチかライターはありますか？<br>macchi ka raita ha ari masu ka |
| ¿Tiene (usted) un cenicero? | 灰皿はありますか？<br>haizara ha ari masu ka |
| ¿Fuma (usted) puros? | 葉巻を吸いますか？<br>hamaki o sui masu ka |
| ¿Fuma (usted) cigarrillos? | タバコを吸いますか？<br>tabako o sui masu ka |
| ¿Fuma (usted) en pipa? | パイプを吸いますか？<br>paipu o sui masu ka |

75 [setenta y cinco]

dar explicaciones 1

75 [七十五]
75 [ nana juu go ]

何かを理由付ける 1
nani ka o riyuu tsukeru 1

| | |
|---|---|
| ¿Por qué no viene (usted)? | あなたはなぜ来ないのですか？<br>anata ha naze ko nai no desu ka |
| Hace muy mal tiempo. | 天気が悪すぎるので。<br>tenki ga waru sugiru node |
| No voy porque hace muy mal tiempo. | 天気が悪いので行きません。<br>tenki ga warui no de iki mase n |
| ¿Por qué no viene (él)? | 彼はなぜ来ないのですか？<br>kare ha naze ko nai no desu ka |
| Él no está invitado. | 彼は招待されていないので。<br>kare ha shoutai sa re te i nai node |
| Él no viene porque no está invitado. | 彼は招待されてないので来ません。<br>kare ha shoutai sa re te nai node ki mase n |
| ¿Por qué no vienes (tú)? | あなたはなぜ来ないのですか？<br>anata ha naze ko nai no desu ka |
| No tengo tiempo. | 時間がないので。<br>jikan ga nai node |
| No voy porque no tengo tiempo. | 時間がないので、行きません。<br>jikan ga nai node , iki mase n |

75 [setenta y cinco]

dar explicaciones 1

75 [七十五]
75 [ nana juu go ]

何かを理由付ける 1
nani ka o riyuu tsukeru 1

| | |
|---|---|
| ¿Por qué no te quedas (tú)? | なぜあなたは残らないのですか？<br>naze anata ha nokora nai no desu ka |
| Aún tengo que trabajar. | まだ仕事があるので。<br>mada shigoto ga aru node |
| No me quedo porque aún tengo que trabajar. | まだ仕事があるので、残りません。<br>mada shigoto ga aru node , nokori mase n |
| ¿Por qué se va (usted) ya? | あなたはなぜもう帰るのですか？<br>anata ha naze mou kaeru no desu ka |
| Estoy cansado /-a. | 眠いので。<br>nemui node |
| Me voy porque estoy cansado /-a. | 眠いので、帰ります。<br>nemui node , kaeri masu |
| ¿Por qué se va (usted) ya? | あなたはなぜもう帰るのですか？<br>anata ha naze mou kaeru no desu ka |
| Ya es tarde. | もう夜遅いので。<br>mou yoru osoi node |
| Me voy porque ya es tarde. | もう夜遅いので、帰ります。<br>mou yoru osoi node , kaeri masu |

76 [setenta y seis]

dar explicaciones 2

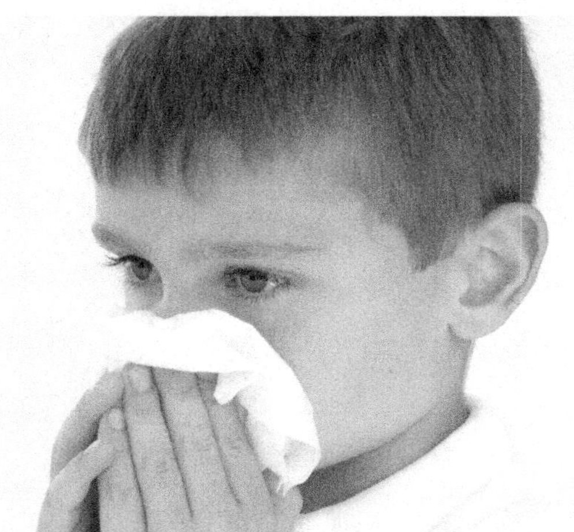

76 [七十六]
76 [ nana juu roku ]

何かを理由付ける 2
nani ka o riyuu tsukeru 2

| | |
|---|---|
| ¿Por qué no viniste? | あなたはなぜ来なかったの？<br>anata ha naze ko nakat ta no |
| Estaba enfermo /-a. | 病気だったので。<br>byouki dat ta node |
| No fui porque estaba enfermo /-a. | 病気だったので行きませんでした。<br>byouki dat ta node iki mase n deshi ta |
| ¿Por qué no vino (ella)? | なぜ彼女は来なかったの？<br>naze kanojo ha ko nakat ta no |
| Estaba cansada. | 疲れていたので。<br>tsukare te i ta node |
| No vino porque estaba cansada. | 彼女は疲れていたので来ませんでした。<br>kanojo ha tsukare te i ta node ki mase n deshi ta |
| ¿Por qué no ha venido (él)? | なぜ彼は来なかったの？<br>naze kare ha ko nakat ta no |
| No tenía ganas. | 興味がなかったので。<br>kyoumi ga nakat ta node |
| No ha venido porque no tenía ganas. | 彼は興味がなかったので、来ませんでした。<br>kare ha kyoumi ga nakat ta node , ki mase n deshi ta |

76 [setenta y seis]

dar explicaciones
2

76 [七十六]
76 [ nana juu roku ]

何かを理由付ける　2
nani ka o riyuu tsukeru 2

| | |
|---|---|
| ¿Por qué no habéis venido (vosotros /-as)? | なぜあなた達は来なかったの？<br>naze anata tachi ha ko nakat ta no |
| Nuestro coche está estropeado. | 車が壊れているので。<br>kuruma ga koware te iru node |
| No hemos venido porque nuestro coche está estropeado. | 私達は、車が壊れているで来ませんでした。<br>watashi tachi ha , kuruma ga koware te iru de ki mase n deshi ta |
| ¿Por qué no ha venido la gente? | なぜ人々は来なかったの？<br>naze hitobito ha ko nakat ta no |
| (Ellos) han perdido el tren. | 彼らは列車に乗り遅れたので。<br>karera ha ressha ni noriokure ta node |
| No han venido porque han perdido el tren. | 彼らは、列車に乗り遅れたので来ませんでした。<br>karera ha , ressha ni noriokure ta node ki mase n deshi ta |
| ¿Por qué no has venido? | なぜあなたは来なかったの？<br>naze anata ha ko nakat ta no |
| No pude. | 来てはいけなかったので。<br>ki te ha ike nakat ta node |
| No he ido porque no pude. | 来てはいけなかったので、来ませんでした。<br>ki te ha ike nakat ta node , ki mase n deshi ta |

77 [setenta y siete]

dar explicaciones 3

77 [七十七]
77 [ nana juu nana ]

何かを理由付ける　3
nani ka o riyuu tsukeru 3

| | |
|---|---|
| ¿Por qué no se come (usted) el pastel? | あなたはなぜケーキを食べないのですか？<br>anata ha naze keki o tabe nai no desu ka |
| Tengo que adelgazar. | 痩せないといけないので。<br>yase nai to ike nai node |
| No me como el pastel porque debo adelgazar. | 痩せないといけないので、食べません。<br>yase nai to ike nai node , tabe mase n |
| ¿Por qué no se toma (usted) la cerveza? | あなたはなぜビールを飲まないのですか？<br>anata ha naze biru o noma nai no desu ka |
| Aún debo conducir. | 運転しないといけないので。<br>unten shi nai to ike nai node |
| No me la tomo porque aún tengo que conducir. | 運転しないといけないので、飲みません。<br>unten shi nai to ike nai node , nomi mase n |
| ¿Por qué no te tomas el café (tú)? | あなたはなぜコーヒーを飲まないのですか？<br>anata ha naze kohi o noma nai no desu ka |
| Está frío. | 冷めてるから。<br>same teru kara |
| No me lo tomo porque está frío. | コーヒーが冷めてるので、飲みません。<br>kohi ga same teru node , nomi mase n |

77 [setenta y siete]

dar explicaciones 3

77 [七十七]
77 [ nana juu nana ]

何かを理由付ける　3
nani ka o riyuu tsukeru 3

| | |
|---|---|
| ¿Por qué no te tomas el té? | あなたはなぜ紅茶を飲まないのですか？<br>anata ha naze koucha o noma nai no desu ka |
| No tengo azúcar. | 砂糖がないので。<br>satou ga nai node |
| No me lo tomo porque no tengo azúcar. | 砂糖がないので、紅茶を飲みません。<br>satou ga nai node , koucha o nomi mase n |
| ¿Por qué no se toma (usted) la sopa? | あなたはなぜスープを飲まないのですか？<br>anata ha naze supu o noma nai no desu ka |
| No la he pedido. | 注文していないからです。<br>chuumon shi te i nai kara desu |
| No me la como porque no la he pedido. | スープは注文していないので、飲みません。<br>supu ha chuumon shi te i nai node , nomi mase n |
| ¿Por qué no se come (usted) la carne? | なぜあなたは肉を食べないのですか？<br>naze anata ha niku o tabe nai no desu ka |
| Soy vegetariano /-a. | ベジタリアンだからです。<br>bejitarian da kara desu |
| No me la como porque soy vegetariano /-a. | ベジタリアンなので、肉は食べません。<br>bejitarian na node , niku ha tabe mase n |

78 [setenta y ocho]

78 [七十八]
78 [ nana juu hachi ]

# Adjetivos 1

# 形容詞 1

keiyoushi 1

| | |
|---|---|
| una mujer vieja / mayor | 年取った(年老いた)女性<br>toshitot ta ( toshioi ta ) josei |
| una mujer gorda | 太った女性<br>futot ta josei |
| una mujer curiosa | 好奇心旺盛な女性<br>kouki shin ousei na josei |
| un coche nuevo | 新しい自動車<br>atarashii jidousha |
| un coche rápido | 速い自動車<br>hayai jidousha |
| un coche cómodo | 快適な自動車<br>kaiteki na jidousha |
| un vestido azul | 青いドレス<br>aoi doresu |
| un vestido rojo | 赤いドレス<br>akai doresu |
| un vestido verde | 緑のドレス<br>midori no doresu |

78 [setenta y ocho]

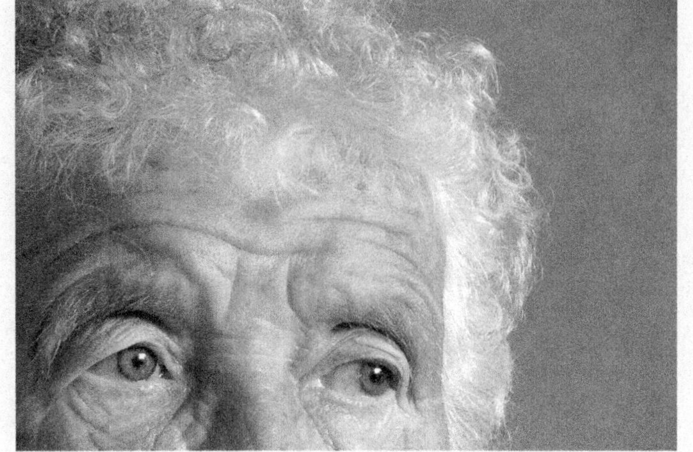

78 [七十八]
78 [ nana juu hachi ]

# Adjetivos 1

# 形容詞　1
keiyoushi 1

| | |
|---|---|
| un bolso negro | 黒い鞄<br>kuroi kaban |
| un bolso marrón | 茶色の鞄<br>chairo no kaban |
| un bolso blanco | 白い鞄<br>shiroi kaban |
| gente simpática | 親切な人々<br>shinsetsu na hitobito |
| gente amable | 礼儀正しい人々<br>reigi tadashii hitobito |
| gente interesante | 面白い人々<br>omoshiroi hitobito |
| niños buenos | 愛らしい子供達<br>airashii kodomo tachi |
| niños descarados | 生意気な子供達<br>namaiki na kodomo tachi |
| niños obedientes | 行儀のよい子供達<br>gyougi no yoi kodomo tachi |

79 [setenta y nueve]

79 [七十九]
79 [ nana juu kyuu ]

# Adjetivos 2

# 形容詞　2
keiyoushi 2

| | |
|---|---|
| Llevo puesto un vestido azul. | 青いドレスを着ています。<br>aoi doresu o ki te i masu |
| Llevo puesto un vestido rojo. | 赤いドレスを着ています。<br>akai doresu o ki te i masu |
| Llevo puesto un vestido verde. | 緑のドレスを着ています。<br>midori no doresu o ki te i masu |
| (Me) compro un bolso negro. | 黒い鞄を買います。<br>kuroi kaban o kai masu |
| (Me) compro un bolso marrón. | 茶色の鞄を買います。<br>chairo no kaban o kai masu |
| (Me) compro un bolso blanco. | 白い鞄を買います。<br>shiroi kaban o kai masu |
| Necesito un coche nuevo. | 新しい車が要ります。<br>atarashii kuruma ga iri masu |
| Necesito un coche rápido. | 速い車が要ります。<br>hayai kuruma ga iri masu |
| Necesito un coche cómodo. | 快適な車が要ります。<br>kaiteki na kuruma ga iri masu |

79 [setenta y nueve]

79 [七十九]
79 [ nana juu kyuu ]

## Adjetivos 2

## 形容詞　2
keiyoushi 2

| | |
|---|---|
| Allí arriba vive una mujer vieja / mayor. | 上には年取った(年老いた)女性が住んでいます。<br>ue ni ha toshitot ta ( toshioi ta ) josei ga sun de i masu |
| Allí arriba vive una mujer gorda. | 上には太った女性が住んでいます。<br>ue ni ha futot ta josei ga sun de i masu |
| Allí abajo vive una mujer curiosa. | 下には好奇心旺盛な女性が住んでいます。<br>shita ni ha kouki shin ousei na josei ga sun de i masu |
| Nuestros invitados eran gente simpática. | お客さんは親切な人たちでした。<br>okyaku san ha shinsetsu na hito tachi deshi ta |
| Nuestros invitados eran gente amable. | お客さんは礼儀正しい人たちでした。<br>okyaku san ha reigi tadashii hito tachi deshi ta |
| Nuestros invitados eran gente interesante. | お客さんは面白い人たちでした。<br>okyaku san ha omoshiroi hito tachi deshi ta |
| Mis hijos son buenos. | 私には愛らしい子供達がいます。<br>watashi ni ha airashii kodomo tachi ga i masu |
| Pero los hijos de los vecinos son descarados. | でも隣人には生意気な子供達がいます。<br>demo rinjin ni ha namaiki na kodomo tachi ga i masu |
| ¿Sus niños son obedientes? | あなたの子供はお行儀がいいですか？<br>anata no kodomo ha o gyougi ga ii desu ka |

80 [ochenta]

80 [八十]
80 [ hachi juu ]

# Adjetivos 3

# 形容詞　3
keiyoushi 3

| | |
|---|---|
| Ella tiene un perro. | 彼女は犬を飼っています。<br>kanojo ha inu o kat te i masu |
| El perro es grande. | その犬は大きいです。<br>sono inu ha ookii desu |
| Ella tiene un perro grande. | 彼女は大きい犬を飼っています。<br>kanojo ha ookii inu o kat te i masu |
| Ella tiene una casa. | 彼女は家を持っています。<br>kanojo ha ie o mot te i masu |
| La casa es pequeña. | その家は小さいです。<br>sono ie ha chiisai desu |
| Ella tiene una casa pequeña. | 彼女は小さい家を持っています。<br>kanojo ha chiisai ie o mot te i masu |
| Él se está alojando en un hotel. | 彼はホテル住まいです。<br>kare ha hoteru zumai desu |
| El hotel es barato. | ホテルは安いです。<br>hoteru ha yasui desu |
| Él se está alojando en un hotel barato. | 彼は安いホテルに住んでいます。<br>kare ha yasui hoteru ni sun de i masu |

80 [ochenta]

80 [八十]
80 [ hachi juu ]

# Adjetivos 3

# 形容詞　3

keiyoushi 3

| | |
|---|---|
| Él tiene un coche. | 彼は車を持っています。<br>kare ha kuruma o mot te i masu |
| El coche es caro. | その車は高いです。<br>sono kuruma ha takai desu |
| Él tiene un coche caro. | 彼は高い車を持っています。<br>kare ha takai kuruma o mot te i masu |
| Él lee una novela. | 彼は小説を読んでいます。<br>kare ha shousetsu o yon de i masu |
| La novela es aburrida. | その小説は退屈です。<br>sono shousetsu ha taikutsu desu |
| Él lee una novela aburrida. | 彼は退屈な小説を読んでいます。<br>kare ha taikutsu na shousetsu o yon de i masu |
| Ella está viendo una película. | 彼女は映画を見ています。<br>kanojo ha eiga o mi te i masu |
| La película es interesante. | その映画はハラハラします。<br>sono eiga ha harahara shi masu |
| Ella está viendo una película interesante. | 彼女はハラハラする映画を見ています。<br>kanojo ha harahara suru eiga o mi te i masu |

81 [ochenta y uno]

Pretérito 1

81 [八十一]
81 [ hachi juu ichi ]

過去形　1
kako gata 1

| | |
|---|---|
| escribir | 書く<br>kaku |
| Él escribió una carta. | 彼は手紙を書きました。<br>kare ha tegami o kaki mashi ta |
| Y ella escribió una postal. | そして彼女ははがきを書きました。<br>soshite kanojo ha hagaki o kaki mashi ta |
| leer | 読む<br>yomu |
| Él leyó una revista. | 彼は画報を読みました。<br>kare ha ga hou o yomi mashi ta |
| Y ella leyó un libro. | そして彼女は本を読みました。<br>soshite kanojo ha hon o yomi mashi ta |
| coger / tomar, agarrar (am.) | 取る<br>toru |
| Él cogió un cigarrillo. | 彼はタバコを取った。<br>kare ha tabako o tot ta |
| Ella cogió un trozo de chocolate. | 彼女はチョコレートを一かけ取った。<br>kanojo ha chokoreto o ichi kake tot ta |

81 [ochenta y uno]

81 [八十一]
81 [ hachi juu ichi ]

# Pretérito 1

# 過去形　1
kako gata 1

Él era infiel, pero ella era fiel.
彼は不誠実だったが、彼女は誠実だった。
kare ha fuseijitsu dat ta ga , kanojo ha seijitsu dat ta

Él era un holgazán, pero ella era trabajadora.
彼は怠け者だったが、彼女は勤勉だった。
kare ha namakemono dat ta ga , kanojo ha kinben dat ta

Él era pobre, pero ella era rica.
彼は貧乏だったが、彼女は裕福だった。
kare ha binbou dat ta ga , kanojo ha yuufuku dat ta

Él no tenía dinero, sino deudas.
彼にはお金はなく、借金があった。
kare ni ha okane ha naku , shakkin ga at ta

Él no tenía buena suerte, sino mala suerte.
彼は幸運にめぐまれず、不運だった。
kare ha kouun ni megumare zu , fuun dat ta

Él no tenía éxitos, sino fracasos.
彼は成功せず、失敗した。
kare ha seikou se zu , shippai shi ta

Él no estaba satisfecho, sino insatisfecho.
彼は満足せず、不満足だった。
kare ha manzoku se zu , fumanzoku dat ta

Él no era feliz, sino infeliz.
彼は幸福ではなく、不幸だった。
kare ha koufuku de ha naku , fukou dat ta

Él no era simpático, sino antipático.
彼は好感が持てず、友好的でない人だった。
kare ha koukan ga mote zu , yuukou teki de nai hito dat ta

82 [ochenta y dos]

82 [八十二]
82 [ hachi juu ni ]

Pretérito 2

過去形　2
kako gata 2

| | |
|---|---|
| ¿Tuviste que pedir una ambulancia? | あなたは救急車を呼ばざるを得なかったのですか？<br>anata ha kyuukyuu sha o yoba zaru o e nakat ta no desu ka |
| ¿Tuviste que llamar al médico? | あなたは医者を呼ばざるを得なかったのですか？<br>anata ha isha o yoba zaru o e nakat ta no desu ka |
| ¿Tuviste que llamar a la policía? | あなたは警察を呼ばざるを得なかったのですか？<br>anata ha keisatsu o yoba zaru o e nakat ta no desu ka |
| ¿Tiene (usted) el número de teléfono? Hace un momento aún lo tenía. | 電話番号わかりますか？さっきまで持っていたのですが。<br>denwa bangou wakari masu ka sakki made mot te i ta no desu ga |
| ¿Tiene (usted) la dirección? Hace un momento aún la tenía. | 住所はありますか？さっきまで持っていたのですが。<br>juusho ha ari masu ka sakki made mot te i ta no desu ga |
| ¿Tiene (usted) el plano (de la ciudad)? Hace un momento aún lo tenía. | 地図はありますか？さっきまで持っていたのですが。<br>chizu ha ari masu ka sakki made mot te i ta no desu ga |
| ¿(Él) llegó a tiempo? No pudo llegar a tiempo. | 彼は時間どおりに来ましたか？　彼は時間どおりに来れませんでした。<br>kare ha jikan doori ni ki mashi ta ka kare ha jikan doori ni kore mase n deshi ta |
| ¿Encontró el camino? No pudo encontrar el camino. | 彼は道がわかりましたか？彼は道を見つけることが出来ませんでした。<br>kare ha michi ga wakari mashi ta ka kare ha michi o mitsukeru koto ga deki mase n deshi ta |
| ¿Te entendió? No me pudo entender. | 彼はあなたの言うことを理解出来ましたか？彼は私の言うことは理解できなかったです。<br>kare ha anata no iu koto o rikai deki mashi ta ka kare ha watashi no iu koto ha rikai deki nakat ta desu |

82 [ochenta y dos]

82 [八十二]
82 [ hachi juu ni ]

# Pretérito 2

# 過去形　2

kako gata 2

| | |
|---|---|
| ¿Por qué no pudiste llegar a tiempo? | なぜあなたは時間どおりに来れなかったのですか？<br>naze anata ha jikan doori ni kore nakat ta no desu ka |
| ¿Por qué no pudiste encontrar el camino? | なぜあなたは、道を見つけられなかったのですか？<br>naze anata ha , michi o mitsuke rare nakat ta no desu ka |
| ¿Por qué no pudiste entenderlo? | なぜあなたは、かれを理解することが出来なかったのですか？<br>naze anata ha , kare o rikai suru koto ga deki nakat ta no desu ka |
| No pude llegar a tiempo porque no pasaba ningún autobús. | バスが来なかったので、時間どおりに来れませんでした。<br>basu ga ko nakat ta node , jikan doori ni kore mase n deshi ta |
| No pude encontrar el camino porque no tenía un plano. | 地図を持っていなかったので、道がわかりませんでした。<br>chizu o mot te i nakat ta node , michi ga wakari mase n deshi ta |
| No pude entenderlo porque la música estaba demasiado alta. | 音楽がうるさかったので、彼の言うことがわかりませんでした。<br>ongaku ga urusakat ta node , kare no iu koto ga wakari mase n deshi ta |
| Tuve que coger un taxi. | タクシーを呼ばねばならなかった。<br>takushi o yoba ne ba nara nakat ta |
| Tuve que comprar un plano (de la ciudad). | 地図を買わねばならなかった。<br>chizu o kawa ne ba nara nakat ta |
| Tuve que apagar la radio. | ラジオを消さねばならなかった。<br>rajio o kesa ne ba nara nakat ta |

83 [ochenta y tres]

Pretérito 3

83 [八十三]

83 [ hachi juu san ]

過去形　3

kako gata 3

| | |
|---|---|
| hablar por teléfono | 電話する<br>denwa suru |
| He hablado por teléfono. | 電話した。<br>denwa shi ta |
| He hablado por teléfono todo el rato. | ずっと電話していた。<br>zutto denwa shi te i ta |
| preguntar | 質問する<br>shitsumon suru |
| (Yo) he preguntado. | 質問した。<br>shitsumon shi ta |
| Siempre he preguntado. | いつも質問した。<br>itsumo shitsumon shi ta |
| contar | 語る<br>kataru |
| He contado. | 語った。<br>katat ta |
| He contado toda la historia. | お話すべてを語った。<br>ohanashi subete o katat ta |

83 [ochenta y tres]

83 [八十三]
83 [ hachi juu san ]

# Pretérito 3

# 過去形 3

kako gata 3

| | |
|---|---|
| estudiar | 学ぶ<br>manabu |
| He estudiado. | 学んだ。<br>manan da |
| He estudiado toda la tarde. | 一晩中勉強した。<br>ichi ban chuu benkyou shi ta |
| trabajar | 働く<br>hataraku |
| He trabajado. | 働いた。<br>hatarai ta |
| He trabajado todo el día. | 一日中働いた。<br>ichi nichi chuu hatarai ta |
| comer | 食べる<br>taberu |
| He comido. | 食べた。<br>tabe ta |
| Me he comido toda la comida. | 料理を全部食べた。<br>ryouri o zenbu tabe ta |

84 [ochenta y cuatro]

Pretérito 4

84 [八十四]
84 [ hachi juu yon ]

過去形　4
kako gata 4

| | |
|---|---|
| leer | 読む<br>yomu |
| He leído. | 読んだ。<br>yon da |
| He leído toda la novela. | 小説全編を読んだ。<br>shousetsu zenpen o yon da |
| entender / comprender | 理解する<br>rikai suru |
| (Lo) he entendido. | 理解した。<br>rikai shi ta |
| He entendido todo el texto. | テキスト全部を理解した。<br>tekisuto zenbu o rikai shi ta |
| contestar / responder | 答える<br>kotaeru |
| He contestado. | 答えた。<br>kotae ta |
| He contestado a todas las preguntas. | 全部の質問に答えた。<br>zenbu no shitsumon ni kotae ta |

84 [ochenta y cuatro]

84 [八十四]
84 [ hachi juu yon ]

# Pretérito 4

# 過去形　4
kako gata 4

| | |
|---|---|
| Lo sé. – Lo supe / sabía. | それを知っている－それを知っていた。<br>sore o shit te iru sore o shit te i ta |
| Lo escribo. – Lo he escrito. | それを書く－それを書いた。<br>sore o kaku sore o kai ta |
| Lo oigo. – Lo he oído. | それを聞く－それを聞いた。<br>sore o kiku sore o kii ta |
| Lo cojo / tomo, agarro (am.). – Lo he cogido / tomado, agarrado (am.). | それを取る－それを取った。<br>sore o toru sore o tot ta |
| Lo traigo. – Lo he traído. | それを持ってくる－それを持ってきた。<br>sore o mot te kuru sore o mot te ki ta |
| Lo compro. – Lo he comprado. | それを買う－それを買った。<br>sore o kau sore o kat ta |
| Lo espero. – Lo he esperado. | それを期待する－それを期待した。<br>sore o kitai suru sore o kitai shi ta |
| Lo explico. – Lo he explicado. | それを説明する－それを説明した。<br>sore o setsumei suru sore o setsumei shi ta |
| Lo conozco – Lo he conocido. | それを知っている－それを知っていた。<br>sore o shit te iru sore o shit te i ta |

85 [ochenta y cinco]

85 [八十五]
85 [ hachi juu go ]

# Preguntas – Pretérito 1

# 質問ー過去形 1
shitsumon kako gata 1

| | |
|---|---|
| ¿Cuánto ha bebido (usted)? | どれくらい飲んだのですか？<br>dore kurai non da no desu ka |
| ¿Cuánto ha trabajado (usted)? | どれくらい働いたのですか？<br>dore kurai hatarai ta no desu ka |
| ¿Cuánto ha escrito (usted)? | どれくらい書いたのですか？<br>dore kurai kai ta no desu ka |
| ¿Cómo ha dormido (usted)? | どうやって寝ましたか？<br>dou yat te ne mashi ta ka |
| ¿Con qué nota ha aprobado (usted) el examen? | どうやって試験に合格したのですか？<br>dou yat te shiken ni goukaku shi ta no desu ka |
| ¿Cómo ha encontrado (usted) el camino? | どうやって道を見つけたのですか？<br>dou yat te michi o mitsuke ta no desu ka |
| ¿Con quién ha hablado (usted)? | 誰と話したのですか？<br>dare to hanashi ta no desu ka |
| ¿Con quién se ha citado? | 誰と待ち合わせをしたのですか？<br>dare to machiawase o shi ta no desu ka |
| ¿Con quién ha celebrado su cumpleaños (usted)? | 誰と誕生日を祝ったのですか？<br>dare to tanjou bi o iwat ta no desu ka |

85 [ochenta y cinco]

85 [八十五]
85 [ hachi juu go ]

# Preguntas – Pretérito 1

# 質問ー過去形 1
shitsumon kako gata 1

| | |
|---|---|
| ¿Dónde ha estado (usted)? | どこにいたのですか？<br>doko ni i ta no desu ka |
| ¿Dónde ha vivido (usted)? | どこに住んでいたのですか？<br>doko ni sun de i ta no desu ka |
| ¿Dónde ha trabajado (usted)? | どこで働いていたのですか？<br>doko de hatarai te i ta no desu ka |
| ¿Qué ha recomendado (usted)? | 何を薦めたのですか？<br>nani o susume ta no desu ka |
| ¿Qué ha comido (usted)? | 何を食べましたか？<br>nani o tabe mashi ta ka |
| ¿De qué se ha enterado (usted)? | あなたは何を知りにきたのですか？<br>doko de shit ta no desu ka |
| ¿A qué velocidad ha conducido (usted)? | どれぐらい速く運転したのですか？<br>dore gurai hayaku unten shi ta no desu ka |
| ¿Cuántas horas ha volado (usted)? | 飛行時間はどれくらいでしたか？<br>hikou jikan ha dore kurai deshi ta ka |
| ¿Hasta qué altura ha saltado (usted)? | どれくらい高くジャンプしましたか？<br>dore kurai takaku janpu shi mashi ta ka |

86 [ochenta y seis]

86 [八十六]
86 [ hachi juu roku ]

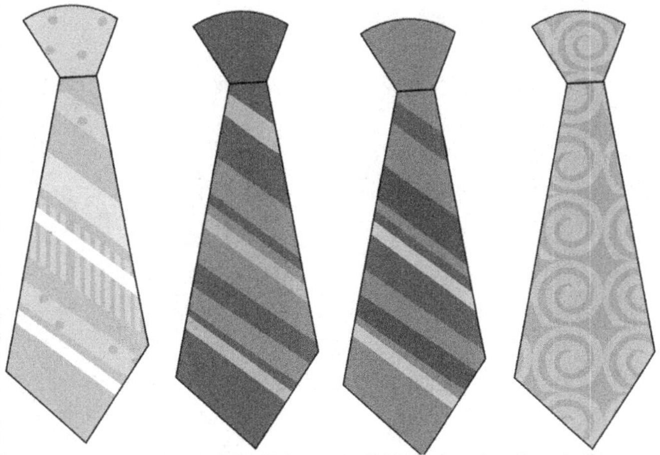

# Preguntas – Pretérito 2

# 質問ー過去形２
shitsumon kako gata 2

| | |
|---|---|
| ¿Qué corbata te pusiste? | あなたはどんなネクタイをしていたのですか？<br>anata ha donna nekutai o shi te i ta no desu ka |
| ¿Qué coche te has comprado? | あなたはどんな車を買ったのですか？<br>anata ha donna kuruma o kat ta no desu ka |
| ¿A qué periódico te has suscrito? | あなたは何の新聞を定期購読したのですか？<br>anata ha nani no shinbun o teiki koudoku shi ta no desu ka |
| ¿A quién ha visto (usted)? | 誰を見かけましたか？<br>dare o mikake mashi ta ka |
| ¿A quién se ha encontrado (usted)? | 誰に会いましたか？<br>dare ni ai mashi ta ka |
| ¿A quién ha reconocido (usted)? | 誰か見覚えのある人はいましたか？<br>dare ka mioboe no aru hito ha i mashi ta ka |
| ¿A qué hora se ha levantado (usted)? | 何時に起きましたか？<br>nan ji ni oki mashi ta ka |
| ¿A qué hora ha empezado (usted)? | いつ始めましたか？<br>itsu hajime mashi ta ka |
| ¿A qué hora ha terminado? | いつ中止しましたか？<br>itsu chuushi shi mashi ta ka |

86 [ochenta y seis]

86 [八十六]
86 [ hachi juu roku ]

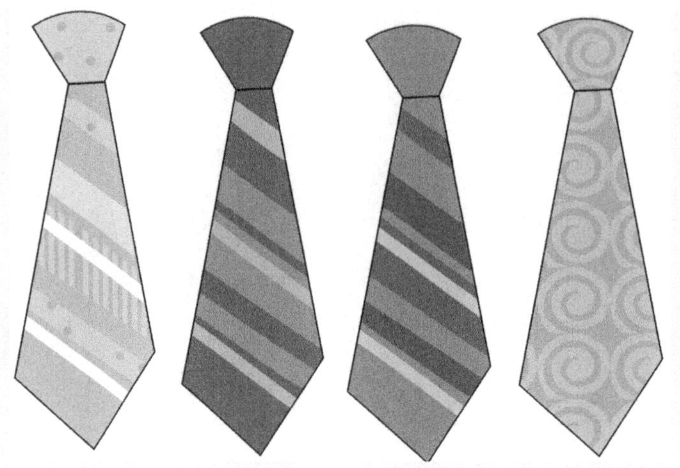

# Preguntas – Pretérito 2

# 質問ー過去形 2
shitsumon kako gata 2

| | |
|---|---|
| ¿Por qué se ha despertado (usted)? | なぜ目を覚ましたのですか？<br>naze me o samashi ta no desu ka |
| ¿Por qué se hizo (usted) maestro? | なぜ教師になったのですか？<br>naze kyoushi ni nat ta no desu ka |
| ¿Por qué ha cogido / tomado (am.) (usted) un taxi? | なぜタクシーで行ったのですか？<br>naze takushi de okonat ta no desu ka |
| ¿De dónde ha venido (usted)? | どちらからお越しですか？<br>dochira kara okoshi desu ka |
| ¿A dónde ha ido (usted)? | どちらへ行かれたのですか？<br>dochira he ika re ta no desu ka |
| ¿Dónde ha estado (usted)? | どこにいたのですか？<br>doko ni i ta no desu ka |
| ¿A quién has ayudado? | あなたは誰を手助けしたのですか？<br>anata ha dare o tedasuke shi ta no desu ka |
| ¿A quién le has escrito? | あなたは誰宛に手紙を書いたのですか？<br>anata ha dare ate ni tegami o kai ta no desu ka |
| ¿A quién le has respondido / contestado? | あなたは誰に返事をしたのですか？<br>anata ha dare ni henji o shi ta no desu ka |

87 [ochenta y siete]

87 [八十七]
87 [ hachi juu nana ]

# Pretérito de los verbos modales 1

# 助詞の過去形 1
joshi no kako gata 1

| | |
|---|---|
| (Nosotros / nosotras) Tuvimos que regar las plantas. | 私達は花に水をやらねばなりませんでした。<br>watashi tachi ha hana ni mizu o yara ne ba nari mase n deshi ta |
| Tuvimos que ordenar el piso. | 私達はアパートを掃除せねばなりませんでした。<br>watashi tachi ha apato o souji se ne ba nari mase n deshi ta |
| Tuvimos que lavar los platos. | 私達は食器を洗わねばなりませんでした。<br>watashi tachi ha shokki o arawa ne ba nari mase n deshi ta |
| ¿(Vosotros / vosotras) tuvisteis que pagar la cuenta? | 君達は請求書を払わなくてはならなかったの？<br>kimi tachi ha seikyuu sho o harawa naku te ha nara nakat ta no |
| ¿Tuvisteis que pagar entrada? | 君達は入場料を払わなくてはならなかったの？<br>kimi tachi ha nyuujou ryou o harawa naku te ha nara nakat ta no |
| ¿Tuvisteis que pagar una multa? | 君達は罰金を払わなくてはならなかったの？<br>kimi tachi ha bakkin o harawa naku te ha nara nakat ta no |
| ¿Quién tuvo que despedirse? | 別れを告げねばならなかったのは誰ですか？<br>wakare o tsuge ne ba nara nakat ta no ha dare desu ka |
| ¿Quién tuvo que irse pronto a casa? | 早く家に帰らねばならなかったのは誰ですか？<br>hayaku ie ni kaera ne ba nara nakat ta no ha dare desu ka |
| ¿Quién tuvo que coger / tomar (am.) el tren? | 列車で行かねばならなかったのは誰ですか？<br>ressha de ika ne ba nara nakat ta no ha dare desu ka |

87 [ochenta y siete]

Pretérito de los verbos modales 1

87 [八十七]

87 [ hachi juu nana ]

助詞の過去形 1

joshi no kako gata 1

| | |
|---|---|
| (Nosotros / nosotras) no queríamos quedarnos mucho rato. | 私達はあまり長くとどまるつもりはありませんでした。<br>watashi tachi ha amari nagaku todomaru tsumori ha ari mase n deshi ta |
| No queríamos tomar nada. | 私達は何も飲みたくありませんでした。<br>watashi tachi ha nani mo nomi taku ari mase n deshi ta |
| No queríamos molestar. | 私達は邪魔するつもりはありませんでした。<br>watashi tachi ha jama suru tsumori ha ari mase n deshi ta |
| (Yo) sólo quería hacer una llamada. | ちょうど電話をしたかったところです。<br>choudo denwa o shi takat ta tokoro desu |
| Quería pedir un taxi. | タクシーを呼ぶつもりでした。<br>takushi o yobu tsumori deshi ta |
| Es que quería irme a casa. | なぜなら運転して家に帰りたかったので。<br>nazenara unten shi te ie ni kaeri takat ta node |
| Pensaba que querías llamar a tu esposa. | あなたが奥さんに電話するものだと、私は思っていました。<br>anata ga okusan ni denwa suru mono da to , watashi ha omot te i mashi ta |
| Pensaba que querías llamar a Información. | あなたは案内サービスに電話するものだと、私は思っていました。<br>anata ha annai sa ---- bisu ni denwa suru mono da to , watashi ha omot te i mashi ta |
| Pensaba que querías pedir una pizza. | あなたはピザを注文するつもりだと、私は思っていました。<br>anata ha piza o chuumon suru tsumori da to , watashi ha omot te i mashi ta |

88 [ochenta y ocho]

88 [八十八]

88 [ hachi juu hachi ]

## Pretérito 2

## 助詞の過去形 2

joshi no kako gata 2

| | |
|---|---|
| Mi hijo no quería jugar con la muñeca. | 私の息子は人形では遊びたがりませんでした<br>。<br>watashi no musuko ha ningyou de ha asobi ta gari mase n deshi ta |
| Mi hija no quería jugar al fútbol. | 私の娘はサッカーをしたがりませんでした。<br>watashi no musume ha sakka o shi ta gari mase n deshi ta |
| Mi esposa no quería jugar conmigo al ajedrez. | 妻は、私とはチェスをしたがりませんでした<br>。<br>tsuma ha , watashi to ha chesu o shi ta gari mase n deshi ta |
| Mis hijos no querían dar un paseo. | 子供達は、散歩をしたがりませんでした。<br>kodomo tachi ha , sanpo o shi ta gari mase n deshi ta |
| No querían ordenar la habitación. | 彼らは部屋を掃除したくなかったのですね。<br>karera ha heya o souji shi taku nakat ta no desu ne |
| No querían irse a cama. | 彼らは寝に行きたくなかったのですね。<br>karera ha ne ni iki taku nakat ta no desu ne |
| Él no podía / debía comer helados. | 彼はアイスを食べてはいけませんでした。<br>kare ha aisu o tabe te ha ike mase n deshi ta |
| No podía / debía comer chocolate. | 彼はチョコレートを食べてはいけませんでした。<br>kare ha chokoreto o tabe te ha ike mase n deshi ta |
| No podía / debía comer caramelos. | 彼はキャンディーを食べてはいけませんでした。<br>kare ha kyandi o tabe te ha ike mase n deshi ta |

88 [ochenta y ocho]

88 [八十八]
88 [ hachi juu hachi ]

# Pretérito 2

# 助詞の過去形２
joshi no kako gata 2

| | |
|---|---|
| Pude pedir un deseo. | 私は何か望んでも良かったのです。<br>watashi ha nani ka nozon de mo yokat ta no desu |
| Pude comprar un vestido. | 私は自分にドレスを買うことができました。<br>watashi ha doresu o kat te ha ike mase n deshi ta |
| Pude coger un bombón. | 私はチョコレートをもらうことができました。<br>watashi ha purarine o tabe te ha ike mase n deshi ta |
| ¿Pudiste fumar en el avión? | あなたは飛行機の中でタバコを吸っても良かったのですか？<br>anata ha hikouki no naka de tabako o sut te mo yokat ta no desu ka |
| ¿Pudiste beber cerveza en el hospital? | あなたは病院でビールを飲んでも良かったのですか？<br>anata ha byouin de biru o non de mo yokat ta no desu ka |
| ¿Pudiste llevar al perro contigo al hotel? | あなたは犬をホテルに連れて行っても良かったのですか？<br>anata ha inu o hoteru ni tsure te it te mo yokat ta no desu ka |
| Durante las vacaciones los niños podían estar afuera hasta tarde. | 休暇中、子供達は遅くまで外にいることが許されていました。<br>kyuuka chuu , kodomo tachi ha osoku made soto ni iru koto ga yurusa re te i mashi ta |
| Ellos / ellas podían jugar durante mucho rato en el patio. | 彼らは長時間、中庭で遊ぶことが許されていました。<br>karera ha choujikan , nakaniwa de asobu koto ga yurusa re te i mashi ta |
| Ellos / ellas podían acostarse tarde. | 彼らは、遅くまで起きていることを許されていました。<br>karera ha , osoku made oki te iru koto o yurusa re te i mashi ta |

89 [ochenta y nueve]

89 [八十九]
89 [ hachi juu kyuu ]

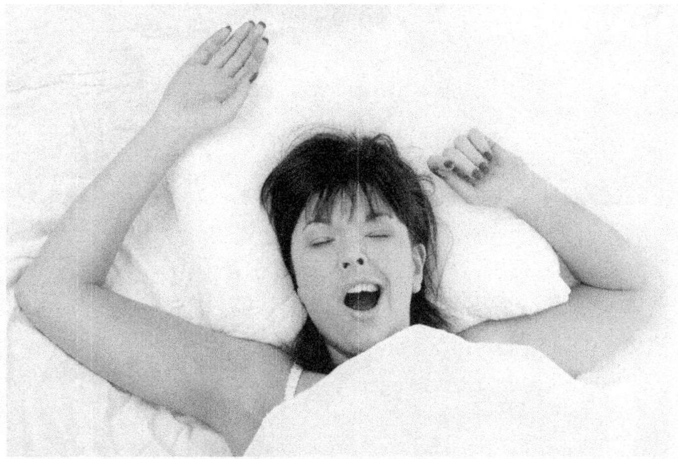

## Modo imperativo 1

## 命令形 1
meirei gata 1

| | |
|---|---|
| Eres muy perezoso. – ¡No seas tan perezoso! | あなたは本当に怠け者です。そんなに怠けないように！<br>anata ha hontouni namakemono desu sonnani namake nai you ni ! |
| Duermes mucho. – ¡No duermas tanto! | あなたは良く寝ますね。そんなに寝過ぎないように！<br>anata ha yoku ne masu ne sonnani ne sugi nai you ni ! |
| Llegas muy tarde. – ¡No llegues tan tarde! | あなたは来るのが遅すぎます。そんなに遅く来ないように！<br>anata ha kuru no ga oso sugi masu sonnani osoku ko nai you ni ! |
| Te ríes muy alto. – ¡No te rías tan alto! | あなたの笑い声は大きいです。そんなに大きい声で笑わないように！<br>anata no waraigoe ha ookii desu sonnani ookii koe de warawa nai you ni ! |
| Hablas muy bajo. – ¡No hables tan bajo! | あなたの話し声は小さいです。そんなに小声で話さないように！<br>anata no hanashigoe ha chiisai desu sonnani kogoe de hanasa nai you ni ! |
| Bebes demasiado. – ¡No bebas tanto! | あなたは飲みすぎです。そんなに飲み過ぎないように！<br>anata ha nomi sugi desu sonnani nomi sugi nai you ni ! |
| Fumas demasiado. – ¡No fumes tanto! | あなたはタバコの吸いすぎです。そんなに吸い過ぎないように！<br>anata ha tabako no sui sugi desu sonnani sui sugi nai you ni ! |
| Trabajas demasiado. – ¡No trabajes tanto! | あなたは働きすぎです。そんなに働き過ぎないように！<br>anata ha hataraki sugi desu sonnani hataraki sugi nai you ni ! |
| Vas muy deprisa. – ¡No vayas tan deprisa! | あなたの運転は速すぎます。そんなに速く運転しないように！<br>anata no unten ha haya sugi masu sonnani hayaku unten shi nai you ni ! |

89 [ochenta y nueve]

89 [八十九]
89 [ hachi juu kyuu ]

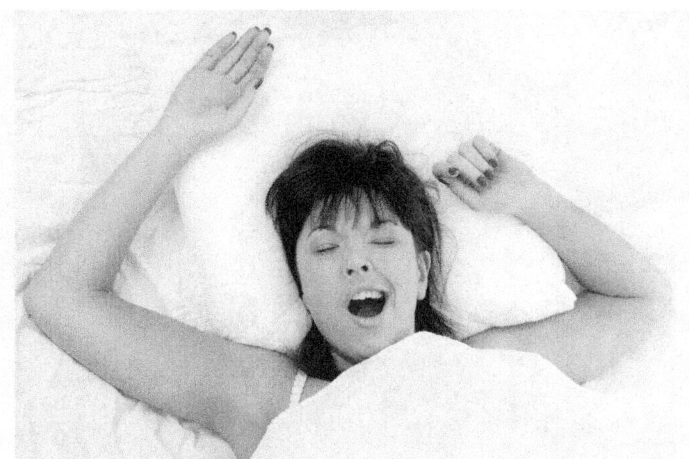

# Modo imperativo 1

# 命令形 1
meirei gata 1

¡Levántese, señor Molinero!
ミィラーさん、起立願います。
mira san , kiritsu negai masu

¡Siéntese, señor Molinero!
ミィラーさん、ご着席ください。
mira san , go chakuseki kudasai

¡Quédese sentado, señor Molinero!
ミィラーさん、座ったままでいてください。
mira san , suwat ta mama de i te kudasai

¡Tenga paciencia!
お待ちください！
omachi kudasai !

¡Tómese su tiempo!
時間をかけなさい！(ゆっくりどうぞ)
jikan o kake nasai !(!(!(!( yukkuri douzo )

¡Espere un momento!
少々お待ちください！
shoushou omachi kudasai !

¡Tenga cuidado!
気をつけて！
ki o tsuke te !

¡Sea puntual!
時間厳守でお願いします！
jikan genshu de onegai shi masu !

¡No sea tonto!
馬鹿なことはしないように！
baka na koto ha shi nai you ni !

90 [noventa]

Modo imperativo 2

90 [九十]

90 [ kyuu juu ]

命令形２

meirei gata 2

| | |
|---|---|
| ¡Aféitate! | ひげをそりなさい！<br>hi ge o sori nasai ! |
| ¡Lávate! | 体を洗いなさい！<br>karada o arai nasai ! |
| ¡Péinate! | 髪を梳かしなさい！<br>kami o tokashi nasai ! |
| ¡Llama (por teléfono)! ¡Llame (usted) (por teléfono)! | 電話しなさい！<br>denwa shi nasai ! |
| ¡Empieza! ¡Empiece (usted)! | 始めなさい！<br>hajime nasai ! |
| ¡Basta! | 止めなさい！<br>tome nasai ! |
| ¡Deja eso! ¡Deje (usted) eso! | おいておきなさい！<br>oi te oki nasai ! |
| ¡Dilo! ¡Dígalo (usted)! | 言いなさい！<br>ii nasai ! |
| ¡Cómpralo! ¡Cómprelo (usted)! | 買いなさい！<br>kai nasai ! |

90 [noventa]

Modo imperativo
2

90 [九十]
90 [ kyuu juu ]

命令形 2
meirei gata 2

| | |
|---|---|
| ¡No seas nunca falso! | 決して不誠実であるな！<br>kesshite fuseijitsu de aru na ! |
| ¡No seas nunca insolente! | 決して生意気になるな！<br>kesshite namaiki ni naru na ! |
| ¡No seas nunca descortés! | 決して礼儀知らずになるな！<br>kesshite reigi shirazu ni naru na ! |
| ¡Sé siempre sincero! | 常に誠実であれ！<br>tsuneni seijitsu de are ! |
| ¡Sé siempre amable! | いつも親切に！<br>itsumo shinsetsu ni ! |
| ¡Sé siempre atento! | いつも礼儀正しく！<br>itsumo reigi tadashiku ! |
| ¡Buen viaje! | お気をつけて帰ってきて！<br>oki o tsuke te kaet te ki te ! |
| ¡Cuídese (usted)! | 気をつけてください。<br>ki o tsuke te kudasai |
| ¡Vuelva (usted) a visitarnos pronto! | またすぐに訪ねてきてください！<br>mata sugu ni tazune te ki te kudasai ! |

91 [noventa y uno]

# Oraciones subordinadas con que 1

91 [九十一]
91 [ kyuu juu ichi ]

# 副文 1

fukubun 1

| | |
|---|---|
| Tal vez hará mejor tiempo mañana. | 明日の天気は多分良くなるだろう。<br>ashita no tenki ha tabun yoku naru daro u |
| ¿Cómo lo sabe (usted)? | どうしてわかるのですか？<br>doushite wakaru no desu ka |
| Espero que haga mejor tiempo. | 良くなればいいなと思っています。<br>yoku nare ba ii na to omot te i masu |
| Seguro que viene. | 彼は絶対に来ます。<br>kare ha zettai ni ki masu |
| ¿Seguro? | 確かですか？<br>tashika desu ka |
| Sé que vendrá. | 彼が来ることはわかっています。<br>kare ga kuru koto ha wakat te i masu |
| Seguro que llama. | 彼は必ず電話してきます。<br>kare ha kanarazu denwa shi te ki masu |
| ¿De verdad? | 本当ですか？<br>hontou desu ka |
| Creo que llamará. | 彼は電話してくると思います。<br>kare ha denwa shi te kuru to omoi masu |

91 [noventa y uno]

# Oraciones subordinadas con que 1

91 [九十一]
91 [ kyuu juu ichi ]

# 副文 1
fukubun 1

El vino es seguramente viejo.
このワインは絶対古いものです。
kono wain ha zettai furui mono desu

¿Lo sabe (usted) con seguridad?
本当に知っているのですか？
hontouni shit te iru no desu ka

Creo / Supongo que es viejo.
古いものだと思います。
furui mono da to omoi masu

Nuestro jefe tiene buen aspecto.
私達の上司は格好いいです。
watashi tachi no joushi ha kakkouii desu

¿Usted cree?
そう思いますか？
sou omoi masu ka

Diría incluso que tiene muy buen aspecto.
それどころか、ものすごく格好いいと私は思います。
soredokoroka , monosugoku kakkouii to watashi ha omoi masu

Seguro que nuestro jefe tiene novia.
上司には絶対ガールフレンドがいますね。
joushi ni ha zettai garufurendo ga i masu ne

¿Lo cree (usted) de verdad?
本当にそう思いますか？
hontouni sou omoi masu ka

Es muy posible que tenga novia.
彼にガールフレンドがいるのは充分ありえます。
kare ni garufurendo ga iru no ha juubun ari e masu

92 [noventa y dos]

Oraciones subordinadas con que 2

92 [九十二]
92 [ kyuu juu ni ]

副文 2
fukubun 2

| | |
|---|---|
| Me molesta que ronques. | あなたのいびきが頭に来る。<br>anata no ibiki ga atama ni kuru |
| Me molesta que bebas tanto. | あなたがそんなにたくさんビールを飲むので腹が立つ。<br>anata ga sonnani takusan biru o nomu node hara ga tatsu |
| Me molesta que vengas tan tarde. | あなたが遅くに来るので腹が立つ。<br>anata ga osoku ni kuru node hara ga tatsu |
| (Yo) creo que (él) debería ir al médico. | 彼には医者が必要だと思います。<br>kare ni ha isha ga hitsuyou da to omoi masu |
| Creo que está enfermo. | 彼は病気だと思います。<br>kare ha byouki da to omoi masu |
| Creo que ahora está durmiendo. | 彼は今寝ていると思います。<br>kare ha ima ne te iru to omoi masu |
| (Nosotros) esperamos que (él) se case con nuestra hija. | 彼が私達の娘と結婚してくれることを願っています。<br>kare ga watashi tachi no musume to kekkon shi te kureru koto o negat te i masu |
| Esperamos que tenga mucho dinero. | 彼がお金持ちであることを願っています。<br>kare ga o kanemochi de aru koto o negat te i masu |
| Esperamos que sea millonario. | 彼が百万長者であることを願っています。<br>kare ga hyakumanchouja de aru koto o negat te i masu |

92 [noventa y dos]

# Oraciones subordinadas con que 2

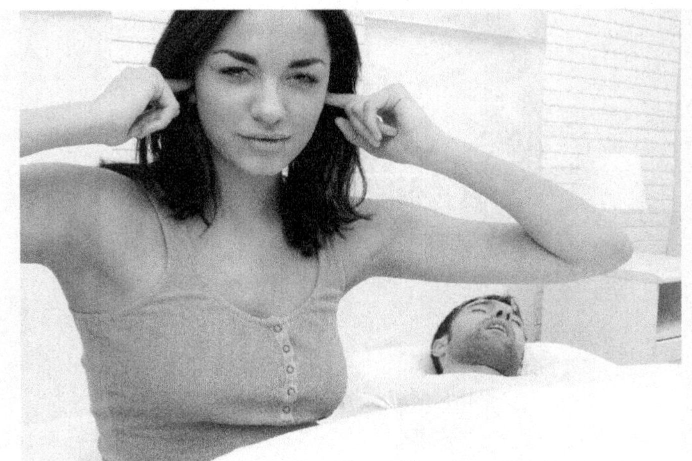

92 [九十二]
92 [ kyuu juu ni ]

# 副文 2
fukubun 2

| | |
|---|---|
| Me han dicho que tu esposa ha tenido un accidente. | あなたの奥さんが事故に遭ったって聞きました。<br>anata no okusan ga jiko ni at tatte kiki mashi ta |
| Me han dicho que está en el hospital. | 彼女は病院に居るって聞きました。<br>kanojo ha byouin ni iru tte kiki mashi ta |
| Me han dicho que tu coche está completamente destrozado. | あなたの車は完全に壊れたって聞きました。<br>anata no kuruma ha kanzen ni koware ta tte kiki mashi ta |
| Me alegro de que hayan venido (ustedes). | あなたが来てくれて嬉しいです。<br>anata ga ki te kure te ureshii desu |
| Me alegro de que tengan (ustedes) interés. | あなたが興味を持ってくれて嬉しいです。<br>anata ga kyoumi o mot te kure te ureshii desu |
| Me alegro de que quieran (ustedes) comprar la casa. | あなたが家を購入予定なので嬉しいです。<br>anata ga ie o kounyuu yotei na node ureshii desu |
| Me temo que el último autobús ya ha pasado. | 最終バスが行ってしまったかもしれない。<br>saishuu basu ga okonat te shimat ta kamo shire nai |
| Me temo que tendremos que coger / tomar (am.) un taxi. | タクシーを呼ばなくてはいけないかもしれない。<br>takushi o yoba naku te ha ike nai kamo shire nai |
| Me temo que no llevo dinero. | お金の持ちあわせがないかもしれない。<br>okane no mochi awase ga nai kamo shire nai |

93 [noventa y tres]

93 [九十三]
93 [ kyuu juu san ]

## Oraciones subordinadas con si

## 副文
fukubun

| | |
|---|---|
| No sé si me quiere. | 彼が私を愛しているのかわからない。<br>kare ga watashi o aishi te iru no ka wakara nai |
| No sé si volverá. | 彼が戻ってくるのかわからない。<br>kare ga modot te kuru no ka wakara nai |
| No sé si me llamará. | 彼が電話してくるのかわからない。<br>kare ga denwa shi te kuru no ka wakara nai |
| ¿Me querrá? | 彼は私を愛しているのかしら？<br>kare ha watashi o aishi te iru no kashira |
| ¿Volverá? | 彼は戻ってくるのかしら？<br>kare ha modot te kuru no kashira |
| ¿Me llamará? | 彼は電話してくるのかしら？<br>kare ha denwa shi te kuru no kashira |
| Me pregunto si piensa en mí. | 彼は私のことを想っているのかと思います。<br>kare ha watashi no koto o omot te iru no ka to omoi masu |
| Me pregunto si tiene a otra. | 彼には他の女の人がいるのではと思います。<br>kare ni ha ta no onna no hito ga iru no de ha to omoi masu |
| Me pregunto si miente. | 彼はうそをついているのではと思います。<br>kare ha uso o tsui te iru no de ha to omoi masu |

93 [noventa y tres]

Oraciones subordinadas con si

93 [九十三]
93 [ kyuu juu san ]

副文
fukubun

¿Pensará en mí?
彼は私のことを想っているのかしら？
kare ha watashi no koto o omot te iru no kashira

¿Tendrá a otra?
彼には他の女の人がいるのかしら？
kare ni ha ta no onna no hito ga iru no kashira

¿Estará diciendo la verdad?
彼は、本当のことを言ってくれるのかしら？
kare ha , hontou no koto o it te kureru no kashira

Dudo que le guste realmente.
彼が本当に私のことを好きなのか、疑問に思います。
kare ga hontouni watashi no koto o suki na no ka , gimon ni omoi masu

Dudo que me escriba.
彼が私に手紙を書いてくれるのか疑問に思います。
kare ga watashi ni tegami o kai te kureru no ka gimon ni omoi masu

Dudo que se case conmigo.
彼が私と結婚してくれるのか疑問に思います。
kare ga watashi to kekkon shi te kureru no ka gimon ni omoi masu

¿Le gustaré realmente?
彼は本当に私のことを好きなのかしら？
kare ha hontouni watashi no koto o suki na no kashira

¿Me escribirá?
彼は私に手紙を書いてくれるのかしら？
kare ha watashi ni tegami o kai te kureru no kashira

¿Se casará conmigo?
彼は私と結婚してくれるのかしら？
kare ha watashi to kekkon shi te kureru no kashira

94 [noventa y cuatro]

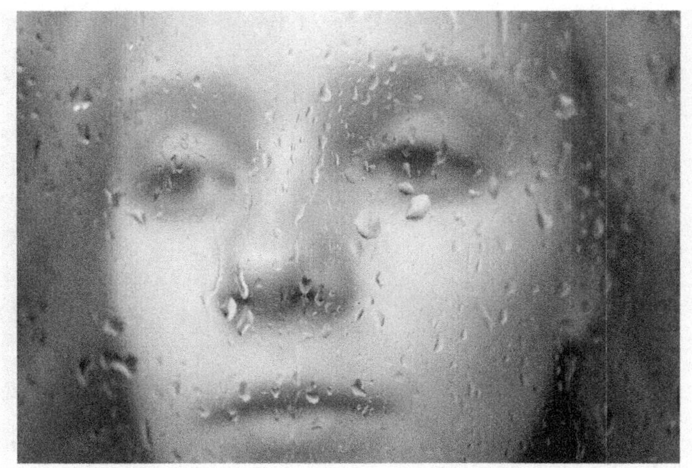

94 [九十四]
94 [ kyuu juu yon ]

# Conjunciones 1

# 接続詞 1

setsuzokushi 1

| | |
|---|---|
| Espera a que pare de llover. | 雨がやむまで、待って。<br>ame ga yamu made , mat te |
| Espera a que (yo) termine. | 私が終わるまで、待って。<br>watashi ga owaru made , mat te |
| Espera a que (él) vuelva. | 彼が戻ってくるまで、待って。<br>kare ga modot te kuru made , mat te |
| (Yo) espero a que se me seque el pelo. | 髪が乾くまで待ちます。<br>kami ga kawaku made machi masu |
| Espero a que termine la película. | 映画が終わるまで待ちます。<br>eiga ga owaru made machi masu |
| Espero a que el semáforo esté verde. | 信号が青に変わるまで待ちます。<br>shingou ga ao ni kawaru made machi masu |
| ¿Cuándo te vas de vacaciones? | あなたはいつ旅行に行くのですか？<br>anata ha i tsu ryokou ni iku no desu ka |
| ¿Antes del verano? | 夏休み前？<br>natsuyasumi zen |
| Sí, antes de que empiecen las vacaciones de verano. | ええ、夏休みが始まる前に。<br>ee , natsuyasumi ga hajimaru mae ni |

94 [noventa y cuatro]

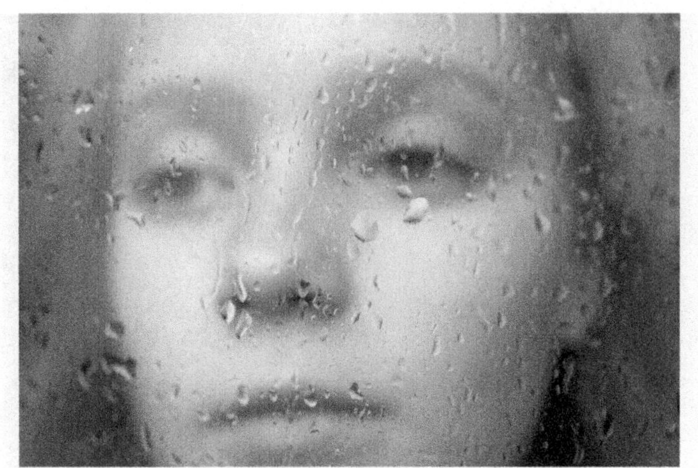

94 [九十四]
94 [ kyuu juu yon ]

# Conjunciones 1

# 接続詞 1
setsuzokushi 1

| | |
|---|---|
| Repara el tejado antes de que llegue el invierno. | 冬が来る前に屋根を直して！<br>fuyu ga kuru mae ni yane o naoshi te ! |
| Lávate las manos antes de sentarte a la mesa. | テーブルにつく前に手を洗って！<br>teburu ni tsuku mae ni te o arat te ! |
| Cierra la ventana antes de salir. | 出て行く前に窓を閉めて！<br>de te iku mae ni mado o shime te ! |
| ¿Cuándo vendrás a casa? | あなたはいつ家に帰ってくるのですか？<br>anata ha itsu ka ni kaet te kuru no desu ka |
| ¿Después de la clase? | 授業の後？<br>jugyou no nochi |
| Sí, cuando se haya acabado la clase. | ええ、次の授業が終わったら。<br>ee , tsugi no jugyou ga owat tara |
| Después de tener el accidente, ya no pudo volver a trabajar. | 事故の後、彼はもう仕事をすることが出来なかった。<br>jiko no nochi , kare ha mou shigoto o suru koto ga deki nakat ta |
| Después de haber perdido el trabajo, se fue a América. | 彼は失業後、アメリカへ行った。<br>kare ha shitsugyou go , amerika he it ta |
| Después de haberse ido a América, se hizo rico. | アメリカへ行った後、彼はお金持ちになった。<br>amerika he it ta nochi , kare ha o kanemochi ni nat ta |

95 [noventa y cinco]

95 [九十五]
95 [ kyuu juu go ]

## Conjunciones 2

## 接続詞 2
setsuzokushi 2

| | |
|---|---|
| ¿Desde cuándo no trabaja ella? | 彼女はいつから仕事をしていないのですか？<br>kanojo ha i tsu kara shigoto o shi te i nai no desu ka |
| ¿Desde que se casó? | 結婚以来？<br>kekkon irai |
| Sí, no trabaja desde que se casó. | ええ、結婚してから彼女は働いていません。<br>ee , kekkon shi te kara kanojo ha hatarai te i mase n |
| Desde que se casó, no trabaja. | 結婚してから彼女は働いていません。<br>kekkon shi te kara kanojo ha hatarai te i mase n |
| Desde que se conocen, son felices. | 知り合って以来、彼らは幸せです。<br>shiriat te irai , karera ha shiawase desu |
| Desde que tienen niños, salen poco. | 子供が出来てから彼らはあまり外出しなくなりました。<br>kodomo ga deki te kara karera ha amari gaishutsu shi naku nari mashi ta |
| ¿Cuándo habla (ella) por teléfono? | 彼女はいつ電話するのですか？<br>kanojo ha i tsu denwa suru no desu ka |
| ¿Mientras conduce? | 運転中ですか？<br>unten chuu desu ka |
| Sí, mientras conduce. | ええ、運転中です。<br>ee , unten chuu desu |

95 [noventa y cinco]

95 [九十五]
95 [ kyuu juu go ]

## Conjunciones 2

## 接続詞 2
setsuzokushi 2

Habla por teléfono mientras conduce.
彼女は運転しながら電話をします。
kanojo ha unten shi nagara denwa o shi masu

Ve la televisión mientras plancha.
彼女はアイロンをかけながらテレビを見ます。
kanojo ha airon o kake nagara terebi o mi masu

Escucha música mientras hace las tareas.
彼女は宿題をしながら音楽を聴いています。
kanojo ha shukudai o shi nagara ongaku o kii te i masu

(Yo) no veo nada, cuando no llevo gafas.
眼鏡をしていなかったら何も見えません。
megane o shi te i nakat tara nani mo mie mase n

No entiendo nada, cuando la música está tan alta.
音楽がうるさいので聞こえません。
ongaku ga urusai node kikoe mase n

No huelo nada, cuando estoy resfriado /-a.
鼻かぜのときは匂いがわかりません。
hanakaze no toki ha nioi ga wakari mase n

Si llueve, cogeremos / tomaremos (am.) un taxi.
雨のときは、タクシーで行きます。
ame no toki ha , takushi de iki masu

Si nos toca la lotería, daremos la vuelta al mundo.
宝くじに当たったら世界旅行に行きます。
takarakuji ni atat tara sekai ryokou ni iki masu

Si (él) no llega pronto, empezaremos a comer.
もうしばらくしても彼が来ないなら食事を始めましょう。
mou shibaraku shi te mo kare ga ko nai nara shokuji o hajime masho u

96 [noventa y seis]

96 [九十六]
96 [ kyuu juu roku ]

# Conjunciones 3

# 接続詞３
setsuzokushi 3

| | |
|---|---|
| (Yo) me levanto en cuanto suena el despertador. | 目覚ましがなったらすぐに起きます。<br>mezamashi ga nat tara sugu ni oki masu |
| Me siento cansado /-a en cuanto tengo que estudiar. | 勉強しなければいけなくなるとすぐに眠くなってしまいます。<br>benkyou shi nakere ba ike naku naru to sugu ni nemuku nat te shimai masu |
| Dejaré de trabajar en cuanto tenga 60 años. | ６０になったら退職します。<br>60 ni nat tara taishoku shi masu |
| ¿Cuándo llamará (usted)? | いつ電話しますか？<br>itsu denwa shi masu ka |
| En cuanto tenga un momento. | 時間が出来次第すぐに。<br>jikan ga deki shidai sugu ni |
| Llamará en cuanto tenga tiempo. | 彼は時間が出来次第電話してきます。<br>kare ha jikan ga deki shidai denwa shi te ki masu |
| ¿Hasta cuándo va a trabajar (usted)? | あとどれぐらい働く予定ですか？<br>ato dore gurai hataraku yotei desu ka |
| Trabajaré mientras pueda. | 出来る限り働くつもりです。<br>dekiru kagiri hataraku tsumori desu |
| Trabajaré mientras esté bien de salud. | 健康な限り働くつもりです。<br>kenkou na kagiri hataraku tsumori desu |

96 [noventa y seis]

Conjunciones 3

96 [九十六]
96 [ kyuu juu roku ]

接続詞 3
setsuzokushi 3

| | |
|---|---|
| (Él) está en la cama, en vez de trabajar. | 彼は働く代わりにベッドに横になっています<br>。<br>kare ha hataraku kawari ni beddo ni yoko ni nat te i masu |
| (Ella) lee el periódico, en lugar de cocinar. | 彼女は料理する代わりに新聞を読んでいます<br>。<br>kanojo ha ryouri suru kawari ni shinbun o yon de i masu |
| (Él) está en el bar, en lugar de irse a casa. | 彼は家に帰る代わりに飲み屋にいます。<br>kare ha ie ni kaeru kawari ni nomiya ni i masu |
| Por lo que yo sé, (él) vive aquí. | 私の知る限り彼はここに住んでいます。<br>watashi no shiru kagiri kare ha koko ni sun de i masu |
| Por lo que yo sé, su esposa está enferma. | 私の知る限り彼の奥さんは病気です。<br>watashi no shiru kagiri kare no okusan ha byouki desu |
| Por lo que yo sé, (él) no tiene trabajo. | 私の知る限り彼は失業中です。<br>watashi no shiru kagiri kare ha shitsugyou chuu desu |
| (Yo) me quedé dormido, si no, habría llegado a tiempo. | 寝過ごしました。そうでなければ時間に間に合ったのですが。<br>nesugoshi mashi ta sou de nakere ba jikan ni maniat ta no desu ga |
| (Yo) perdí el autobús, si no, habría llegado a tiempo. | バスに乗り遅れました。そうでなければ時間に間に合ったのですが。<br>basu ni noriokure mashi ta sou de nakere ba jikan ni maniat ta no desu ga |
| No encontré el camino, si no, habría llegado a tiempo. | 道がわからなかったです。そうでなければ時間に間に合ったのですが。<br>michi ga wakara nakat ta desu sou de nakere ba jikan ni maniat ta no desu ga |

97 [noventa y siete]

97 [九十七]
97 [ kyuu juu nana ]

## Conjunciones 4

## 接続詞 4
setsuzokushi 4

| | |
|---|---|
| Él se quedó dormido / se durmió, aunque el televisor estaba encendido. | テレビがついていたのに彼は寝入った。<br>terebi ga tsui te i ta noni kare ha neit ta |
| Él se quedó un rato más, aunque ya era tarde. | もう遅かったのに彼はまだ残っていた。<br>mou osokat ta noni kare ha mada nokot te i ta |
| Él no vino, aunque habíamos quedado. | 約束していたのに彼は来なかった。<br>yakusoku shi te i ta noni kare ha ko nakat ta |
| El televisor estaba encendido. Sin embargo, se quedó dormido / se durmió. | テレビはついていた。にもかかわらず、彼は寝入った。<br>terebi ha tsui te i ta ni mo kakawara zu , kare ha neit ta |
| Ya era tarde. Sin embargo, se quedó un rato más. | もう遅かった。にもかかわらず、彼はまだ残っていた。<br>,mou osokat ta ni mo kakawara zu , kare ha mada nokot te i ta |
| Habíamos quedado. Sin embargo, no vino. | 私達は約束していた。にもかかわらず、彼は来なかった。<br>watashi tachi ha yakusoku shi te i ta ni mo kakawara zu , kare ha ko nakat ta |
| Aunque (él) no tiene permiso de conducir, conduce. | 免許を持っていないのに彼は車を運転する。<br>menkyo o mot te i nai noni kare ha kuruma o unten suru |
| Aunque la calle está resbaladiza, conduce muy deprisa. | 道が凍っているのに彼は速く運転する。<br>michi ga koot te iru noni kare ha hayaku unten suru |
| Aunque está borracho, va en bicicleta. | 酔っ払っているのに彼は自転車で行く。<br>yopparat te iru noni kare ha jitensha de iku |

97 [noventa y siete]

97 [九十七]
97 [ kyuu juu nana ]

## Conjunciones 4

## 接続詞 4
setsuzokushi 4

| | |
|---|---|
| No tiene permiso de conducir. Sin embargo, conduce. | 彼は免許を持っていません。にもかかわらず、自動車を運転します。<br>kare ha menkyo o mot te i mase n ni mo kakawara zu , jidousha o unten shi masu |
| La calle está resbaladiza. Sin embargo, conduce muy deprisa. | 道が凍っています。　にもかかわらず、彼は速く運転します。<br>michi ga koot te i masu ni mo kakawara zu , kare ha hayaku unten shi masu |
| Él está borracho. Sin embargo, va en bicicleta. | 彼は酔っ払っています。　にもかかわらず、自転車で行きます。<br>kare ha yopparat te i masu ni mo kakawara zu , jitensha de iki masu |
| Ella no encuentra trabajo, aunque ha estudiado. | 大学で勉強したのに彼女は仕事が見つかりません。<br>daigaku de benkyou shi ta noni kanojo ha shigoto ga mitsukari mase n |
| Ella no va al médico, aunque tiene dolores. | 痛みがあるのに彼女は医者に行きません。<br>itami ga aru noni kanojo ha isha ni iki mase n |
| Ella se compra un coche, aunque no tiene dinero. | お金がないのに彼女は車を買います。<br>okane ga nai noni kanojo ha kuruma o kai masu |
| Ella ha estudiado una carrera universitaria. Sin embargo, no encuentra trabajo. | 彼女は大学を出た。にもかかわらず、仕事が見つかりません。<br>kanojo ha daigaku o de ta ni mo kakawara zu , shigoto ga mitsukari mase n |
| Ella tiene dolores. Sin embargo, no va al médico. | 痛みがあります。にもかかわらず、彼女は医者に行きません。<br>itami ga ari masu ni mo kakawara zu , kanojo ha isha ni iki mase n |
| Ella no tiene dinero. Sin embargo, se compra un coche. | 彼女はお金がありません。にもかかわらず、車を買います。<br>kanojo ha okane ga ari mase n ni mo kakawara zu , kuruma o kai masu |

98 [noventa y ocho]

Dobles conjunciones

98 [九十八]
98 [ kyuu juu hachi ]

複接続詞
fuku setsuzokushi

| | |
|---|---|
| El viaje fue, de hecho, bonito, pero demasiado agotador. | 旅行は素敵だったけれど、疲れ過ぎた。<br>ryokou ha suteki dat ta keredo , tsukare sugi ta |
| El tren pasó puntualmente, de hecho, pero iba demasiado lleno. | 列車は時間どおりだったが、人が多すぎた。<br>ressha ha jikan doori dat ta ga , hito ga oo sugi ta |
| El hotel era, de hecho, confortable, pero demasiado caro. | ホテルは快適だったが、高すぎた。<br>hoteru ha kaiteki dat ta ga , taka sugi ta |
| Él coge / toma (am.) el autobús o el tren. | 彼はバスか電車で行きます。<br>kare ha basu ka densha de iki masu |
| Él viene o bien hoy por la noche o bien mañana por la mañana. | 彼は今夜か明日の朝に来ます。<br>kare ha konya ka ashita no asa ni ki masu |
| Él se hospeda o en nuestra casa o en un hotel. | 彼は私達のところかホテルにいます。<br>kare ha watashi tachi no tokoro ka hoteru ni i masu |
| Ella habla tanto español como inglés. | 彼女はスペイン語だけでなく、英語も話します<br>kare ha furansugo mo eigo mo hanashi masu |
| Ella ha vivido tanto en Madrid como en Londres. | 彼女はマドリッドとロンドンに住んでいました。<br>kanojo ha madoriddo to rondon ni sun de i mashi ta |
| Ella conoce tanto España como Inglaterra. | 彼女はスペインもイギリスも知っています。<br>kanojo ha supein mo igirisu mo shit te i masu |

98 [noventa y ocho]

98 [九十八]
98 [ kyuu juu hachi ]

# Dobles conjunciones

# 複接続詞
fuku setsuzokushi

| | |
|---|---|
| Él no sólo es tonto, sino también holgazán. | 彼は愚かなだけでなく、怠け者です。<br>kare ha oroka na dake de naku , namakemono desu |
| Ella no sólo es guapa, sino también inteligente. | 彼女は美人なだけでなく、頭もいいです。<br>kanojo ha bijin na dake de naku , atama mo ii desu |
| Ella no sólo habla alemán, sino también francés. | 彼女はドイツ語だけでなく、フランス語も話します。<br>kanojo ha doitsu go dake de naku , furansugo mo hanashi masu |
| Yo no sé tocar ni el piano ni la guitarra. | 私はピアノもギターも弾けません。<br>watashi ha piano mo gita mo hike mase n |
| Yo no sé bailar ni el vals ni la samba. | 私はワルツもサンバも踊れません。<br>watashi ha warutsu mo sanba mo odore mase n |
| A mi no me gusta ni la ópera ni el ballet. | オペラもバレエも好きではありません。<br>opera mo baree mo suki de ha ari mase n |
| Cuanto más rápido trabajes, más pronto terminarás. | あなたは急いで働くほど、早くに終れるます。<br>anata ha isoi de hataraku hodo , hayaku ni owa reru masu |
| Cuanto antes vengas, antes te podrás ir. | あなたは早く来るほど、早く帰れるます。<br>anata ha hayaku kuru hodo , hayaku kaereru masu |
| Cuanto mayor se hace uno, más comodón se vuelve. | 年を取れば取るほど、人は気長になる。<br>toshi o tore ba toru hodo , hito ha kinaga ni naru |

99 [noventa y nueve]

99 [九十九]
99 [ kyuu juu kyuu ]

Genitivo

２格
2 kaku

| | |
|---|---|
| la gata de mi amiga / novia | 私のガールフレンドの猫<br>watashi no garufurendo no neko |
| el perro de mi amigo / novio | 私のボーイフレンドの犬<br>watashi no boifurendo no inu |
| los juguetes de mis hijos | 私の子供達のおもちゃ<br>watashi no kodomo tachi no omocha |
| Éste es el abrigo de mi compañero. | これは私の同僚のコートです。<br>kore ha watashi no douryou no koto desu |
| Éste es el coche de mi compañera. | これは私の同僚の車です。<br>kore ha watashi no douryou no kuruma desu |
| Éste es el trabajo de mis compañeros. | これは私の同僚の仕事です。<br>kore ha watashi no douryou no shigoto desu |
| El botón de la camisa se ha caído. | ワイシャツのボタンが取れた。<br>waishatsu no botan ga tore ta |
| La llave del garaje ha desaparecido. | 車庫の鍵がなくなった。<br>shako no kagi ga nakunat ta |
| El ordenador del jefe está estropeado. | 上司のコンピューターが壊れた。<br>joushi no konpyuta ga koware ta |

99 [noventa y nueve]

99 [九十九]
99 [ kyuu juu kyuu ]

Genitivo

2格
2 kaku

| | |
|---|---|
| ¿Quiénes son los padres de la niña? | この少女の両親は誰ですか？<br>kono shoujo no ryoushin ha dare desu ka |
| ¿Cómo se va a la casa de sus padres? | 彼女の両親の家にはどうやって行けばいいですか？<br>kanojo no ryoushin no ie ni ha dou yat te ike ba ii desu ka |
| La casa está al final de la calle. | 家は通りの最後にあります。<br>ie ha toori no saigo ni ari masu |
| ¿Cómo se llama la capital de Suiza? | スイスの首都の名前はなんですか？<br>suisu no shuto ha doko desu ka |
| ¿Cuál es el título del libro? | その本の題名は何ですか？<br>sono hon no daimei ha nani desu ka |
| ¿Cómo se llaman los hijos de los vecinos? | お隣さんの子供はなんと言う名前ですか？<br>otonari san no kodomo ha nanto iu namae desu ka |
| ¿Cuándo son las vacaciones escolares de los niños? | 子供達の学校の休みはいつですか？<br>kodomo tachi no gakkou no yasumi ha i tsu desu ka |
| ¿Cuándo son las horas de consulta del doctor? | 医者の診療時間はいつですか？<br>isha no shinryou jikan ha i tsu desu ka |
| ¿Cuál es el horario de apertura del museo? | 美術館の開館時間はいつですか？<br>bijutsukan no kaikan jikan ha i tsu desu ka |

100 [cien]

100 [百]
100 [ hyaku ]

# Adverbios

副詞
fukushi

| | |
|---|---|
| alguna vez – nunca | すでに—まだ～していない<br>sudeni mada - hi te i nai |
| ¿Ha estado (usted) alguna vez en Berlín? | ベルリンに行ったことはありますか？<br>berurin ni it ta koto ha ari masu ka |
| No, nunca. | いいえ、まだありません。<br>iie , mada ari mase n |
| alguien – nadie | 誰か—誰も<br>dare ka dare mo |
| ¿Conoce (usted) a alguien aquí? | 誰かここで知っている人はいますか？<br>dare ka koko de shit te iru hito ha i masu ka |
| No, aquí no conozco a nadie. | いいえ、ここでは誰も知りません。<br>iie , koko de ha dare mo shiri mase n |
| aún – ya no | まだ—もう～ない<br>mada mou - nai |
| ¿Se quedará (usted) aún mucho tiempo aquí? | まだしばらくここにいますか？<br>mada shibaraku koko ni i masu ka |
| No, ya no me quedaré más tiempo. | いいえ、もう長くはいません。<br>iie , mou nagaku ha i mase n |

100 [cien]

100 [百]
100 [ hyaku ]

Adverbios

副詞
fukushi

algo más – nada más

何か他に、もう何も
mada mou - nai

¿Quiere (usted) tomar algo más?

まだ何かお飲みになりますか？
mada nani ka o nomi ni nari masu ka

No, no quiero nada más.

いいえ、もう何も要りません。
iie , mou nani mo iri mase n

ya ... algo – todavía / aún ... nada

もう何か一まだ何も
sudeni mada - nai

¿Ya ha comido (usted) algo?

もう何か食べましたか？
mou nani ka tabe mashi ta ka

No, todavía / aún no he comido nada.

いいえ、まだ何も食べていません。
iie , mada nani mo tabe te i mase n

alguien más – nadie más

誰か—誰も～ない
dare ka dare mo - nai

¿Quiere alguien más un café?

まだ誰かコーヒーのいる方はいますか？
mada dare ka kohi no iru hou ha i masu ka

No, nadie más.

いいえ、誰もいません。
iie , dare mo i mase n

Made in the USA
Las Vegas, NV
27 November 2023